Für Julian

„Die Philosophen haben die Welt nur verschieden *interpretiert*, es kömmt drauf an sie zu *verändern*."

Karl Marx: 11. These über Feuerbach

Albrecht von Bülow

Häusliche Gewalt,
Trauma und Prävention

Zehn Jahre Anti-Gewalt-Training in Lüneburg

© 2019 Albrecht von Bülow
1. Auflage
Lektorat: Julian von Bülow
Herstellung und Verlag:
BoD – Books on Demand, Norderstedt
ISBN: 978-3-748175490

Bibliografische Information der Deutschen Nationalbibliothek: Die Deutsche Nationalbibliothek verzeichnet diese Publikation in der Deutschen Nationalbibliografie; detaillierte bibliografische Daten sind im Internet über dnb.dnb.de abrufbar.

Geleitwort

Wie jedes Handwerk ist auch das des Schriftstellers nicht aus purem Gold. Immerhin soll es einen goldenen Boden haben, und Anfragen wie die Albrecht von Bülows aus Wendisch Evern bei Lüneburg lassen ihn hervorblitzen. Wer Bücher schreibt, erreicht Leser – und manchmal greifen diese Leser das Geschriebene auf und können es produktiv nutzen. Es hat mich sehr gefreut, den Bericht über das Anti-Gewalt-Training zu lesen und herauszufinden, dass meine in einem anderen Rahmen gewonnenen Einsichten in den Zusammenhang zwischen Kränkbarkeit, Rache und Gewalt in Liebesbeziehungen Eingang in diese Arbeit gefunden haben.

Albrecht von Bülows Text geht über das hinaus, was sein nüchterner Titel ankündigt.[1] Er fundiert seine Reflexionen über die Gewaltbereitschaft in deutschen Familien durch historische und sozialwissenschaftliche Reflexionen, scheut sich nicht vor einer klaren Kritik an neoliberalen, ausbeuterischen und auf lange Sicht ruinösen Strukturen, die einer wachsenden Gruppe der Bevölkerung angemessene Bildungschancen verweigern. Die Folge ist, dass soziale Ideale wie Gewaltfreiheit auf der einen Seite, die emotionalen und intellektuellen Ressourcen, um sie zu fundieren, auf der anderen Seite in einem heftigen Widerspruch geraten. Hier können Einzelne etwas tun – und indem sie etwas tun, machen sie auch deutlich, dass politische Reformen dringend notwendig sind, um die Kluft zwischen moralischem Ideal und emotionaler Realität zu verkleinern.

Es wird jeden, der mit Konflikten in Familien und zwischen Paaren zu tun hat, immer wieder anrühren, wie viel schneller eine Beziehung kaputt gemacht werden kann als aufgebaut. Wer hier helfen will, braucht Mitgefühl so gut wie Entschlossenheit und die Fähigkeit, klare Grenzen zu setzen. Albrecht von Bülow kann das treffend anschaulich machen. Er hat

---

[1] Der ursprüngliche Titel des Rohmanuskriptes lautete „2008 – 2018: 10 Jahre Anti-Gewalt-Training in Lüneburg – Bilanz und Perspektiven" und wurde nach einem Hinweis von Schmidbauer in den aktuellen Titel verändert.

mich um dieses Geleitwort gebeten, verbunden mit einem Friedensangebot, falls ich zu träge wäre, es auch zu schreiben: „Sollte Ihnen das nicht möglich sein, so hoffe ich, dass Ihnen die Lektüre des Manuskripts ein paar unterhaltsame Stunden bereitet und Sie sich freuen, dass Ihre Arbeiten auch in einem ganz anderen Rahmen als dem der Paartherapie Resonanz finden." Ich will deshalb noch einen Gedanken aus dem Übergangsfeld von Paartherapie und Sozialpsychologie hinzufügen. „Es ist eine alte Geschichte / doch ist sie immer neu / und wem sie just passieret / dem bricht das Herz entzwei." Der Vers von Heinrich Heine erfasst halb ironisch, halb schmerzlich die fatale Entwicklung einer Liebesbeziehung, die nur noch von äußerem Druck zusammengehalten wird, während sich die Partner in ihrem zum Käfig gewordenen Nest kein gutes Wort mehr geben.

Die Frau, der Mann für sich können den Kontakt zum Psychologen im Vorgespräch gut gestalten. Sie sind wertschätzend, nachdenklich, höflich. Es sind kluge Menschen, die im Beruf funktionieren, sich mit Arbeitskollegen verstehen und doch immer wieder schockiert feststellen müssen, dass ausgerechnet gegenüber dem Menschen, der besonders wichtig ist, mit dem besonders viel verbindet, ihre sonstige Souveränität sie völlig im Stich lässt. Kaum treffen sie aufeinander, verschwinden ihre sozialen Kompetenzen. Die Blicke werden kalt, die Gesten sind angespannt, das Lächeln ist verschwunden, es gibt Streit, wann sich wer welcher Verfehlung schuldig gemacht hat. Der Therapeut sucht die Lage zu entspannen. Er will sich nicht einschüchtern lassen, er macht einen Scherz. Er sagt, dass sich jeder in der Liebe den Prinzen oder die Prinzessin wünscht und nicht mit dem Frosch zufrieden ist, der sich zu ihm gesellen will. Aber nur im Märchen verwandelt sich dieser Forsch, wenn ich ihn an die Wand werfe. Im wirklichen Leben gewinnen Werfer oder Werferin einen beschädigten Frosch, der darüber nachdenkt, wie er den Wurf heimzahlen kann.

Wie aber sonst mit der Enttäuschung fertig werden, dass sich der oder die Liebste nicht so entwickelt haben, wie es Bedürfnis und Hoffnung erwarten ließen? Man könnte das beispielsweise mit Humor nehmen und herausfinden, was an Versöhnung geht. Bisher hat der Ehemann sich über seine Frau beklagt, deren Miene immer mehr versteinert. Jetzt verstummt er und sagt: „Das bringe ich nicht. Ich verstehe, was Sie meinen. Sie haben vielleicht sogar Recht. Aber um das zu schaffen, braucht man eine Seelengröße, die ich einfach nicht habe. Ich soll verzeihen, was sie mir angetan hat, ich soll es nicht ernst nehmen, soll drüber weggehen? Ich bewundere Leute, die das können. Ich hätte sie gerne, die Seelengröße, das zu leisten. Aber das schaffe ich nicht."

Das Wort von der fehlenden Seelengröße scheint mir in die Gruppe der Psycho-Irrtümer zu gehören. Das Einfache wird kompliziert, Leistungen, die ein Kind beherrscht, werden zu schweren Forderungen, die man „wieder nicht geschafft hat", ja „einfach nicht schaffen kann": Schwächen zulassen, Gefühle zeigen, den Augenblick genießen, lachen, sich freuen, obwohl nichts und niemand perfekt ist.

Wer von Seelengröße redet, ringt um ein Idealbild seiner selbst und will durch gesteigerte Mühe erreichen, was ihm wegen der gegenwärtigen Anstrengung misslingt. Er will die Unfähigkeit, weich zu werden und nachzugeben, durch die Phantasie von noch mehr narzisstischer Größe überwinden.

Wenn ihr nicht umkehrt und werdet wie die Kinder, so werdet ihr nicht ins Himmelreich kommen. So steht es im Matthäus-Evangelium (18,3): Jesus stellt ein Kind in die Mitte seiner Jünger, um deren Debatte zu beenden, wer der Größte sei. Wer Seelengröße als definitiven Abschied von seinen kindlichen Bedürfnissen versteht, muss scheitern; umgekehrt aber ist die Frage nach dem Glück viel einfacher zu beantworten als es scheint – das Kind handelt spontan, wo der Erwachsene verzagt. Wären Kinder so eitel und nachtragend wie Erwachsene, sie würden niemals den aufrechten

Gang erlernen. Stolpern, vornüber oder auf den Hintern fallen, das passiert doch wieder und wieder. Die Kränkung ist mal größer, mal kleiner, aber sie nimmt nicht den Mut und stoppt nicht den Versuch, es beim nächsten Mal besser zu machen.

Ich denke, etwas von dieser Haltung können wir alle gut gebrauchen und sollten sie mitnehmen in die Arbeitsfelder, in denen wir erproben, was aus dem aufrechten Gang werden kann und was nicht. Dass Menschen, die einigermaßen gelernt haben, angesichts ihrer Kränkungen Distanz und Humor zu entwickeln, ein wenig von diesen Fähigkeiten an jene weitergeben, die dazu noch nicht in der Lage sind, ist auf jeden Fall eine gute Sache, unserer Aufmerksamkeit und tatkräftigen Unterstützung wert.

München, am 25. Dezember 2018

Wolfgang Schmidbauer

Vorwort

Als ich mich vor zehn Jahren gemeinsam mit einem Kollegen daran machte, die Grundzüge des hier beschriebenen Anti-Gewalt-Trainings zu konzipieren (Vgl. v. Bülow/Komoß 2008), dachte ich nicht im Entferntesten daran, dass ich diese Arbeit so lange und mit einer so großen Begeisterung machen würde. Schnell sind die Jahre vergangen. Und voraussichtlich werde ich diese Arbeit noch einige Jahre, bis zum Ende meines Berufslebens fortführen, so denn mein Arbeitgeber dies auch will und das Land Niedersachsen weiterhin als überwiegender Finanzier dieses Trainings zur Verfügung steht.

Begeisterung ist für diese Arbeit von Nöten, wenn man denn jahrelang Freitagnachmittag, während sich fast alle Kolleginnen und Kollegen schon ins Wochenende verabschiedet haben, gegen den „stummen Zwang der Verhältnisse" (Marx) anarbeitet. Denn es sind die Verhältnisse der deutschen Klassengesellschaft, die Armut und Verelendung breiter Bevölkerungsschichten verursachen (Vgl. Dörre 2013). Mittlerweile arbeitet nahezu jeder vierte Lohnabhängige im Niedriglohnsektor. Diese subalterne Stellung im Arbeitsleben kränkt angesichts des zunehmenden Auseinanderklaffens in Arm und Reich und wird offenbar auf eine spezifische Weise verarbeitet. „Eine Gesellschaft, in der Macht, Zugang zu Informationen und Ressourcen derart ungleich verteilt sind, wie in unserer spätkapitalistischen Ordnung, sind traumatische Erfahrungen von Machtlosigkeit und Verlust der Selbstbestimmung ein weitverbreitetes Phänomen, eingeübt und körperlich erfahren in der Kindheit, verfestigt in der Schule und verzweifelt reinszeniert in der intimen Paarbeziehung." (Peichl 2008, S. 18) Damit ist schon angedeutet: Die Ursachen von häuslicher Gewalt sind sicher komplex, aber Armut ist ein wesentlicher Faktor ihres Entstehens. Und es sind vor allem Angehörige sozialer Unterschichten, die eine Weisung oder Auflage zum Anti-Gewalt-Training bekommen, auch wenn gemeinhin festgestellt wird, dass sich häusliche Gewalt in allen Sozialschichten findet. Vielleicht liegt es an den Wohnverhältnissen, wenn Unterschichtsangehörige leichter in das Visier der Polizei geraten als Paare höherer Sozialschichten. Lautstarke Ehestreitigkeiten werden von der Nachbarschaft im Mietshaus halt leichter registriert als in einer Villengegend. Und selbst wenn eine Anzeige vorliegt, die gewalttätigen Übergriffe eindeutig und vielleicht auch noch durch Zeugen belegbar sind, muss das in der Konsequenz noch nicht viel heißen. Offenbar gelingt es Angehörigen der Mittelschicht vielfach schon im Vorfeld eine außergerichtliche Einigung zu erzielen oder über das Anheuern guter Anwälte eine Auflage oder gar eine Verurteilung zu vermeiden. Eine Statistik, die genauere Auskunft über den sozialen Hintergrund derjenigen gibt, die verurteilt werden und deren Verfahren eingestellt wird, existiert bezeichnenderweise nicht. Im Ernstfall will man es dann doch lieber nicht so genau wissen.

Häusliche Gewalt ist aber auch Ausdruck patriarchalischer Strukturen, in denen Männer glauben, Frauen kontrollieren und notfalls mittels Gewalt beeinflussen, ängstigen oder unterwerfen zu können. Sofern gewalttätiges Verhalten nicht generell als Kommunikationsmittel akzeptiert wird, so legitimieren es viele Männer mit der Aussage, ihre Partnerin hätte sie zu einem derartigen Übergriff provoziert und sie habe sich die Folgen damit auch selbst zuzuschreiben.

Dem Buch wünsche ich als Autor natürlich viele Leser. Besser noch wäre es, wenn der Text Menschen dazu animieren könnte, andernorts ein ähnliches Training zu installieren. Denn es kommt, um die eingangs zitierten Worte von Marx noch einmal aufzugreifen, nicht nur darauf an, Gewalt zu verstehen oder zu interpretieren, sondern es kommt darauf an, den Menschen Unterstützung bei der gewünschten (Selbst-)Veränderung zu bieten. Diese nicht ganz leichte Arbeit ist aus meiner Sicht besser zu bewältigen und schützt vor Frustration, wenn man berücksichtigt, dass sie eine Etappe im Jahrhunderte währenden „Prozess der Zivilisation" dar-stellt (Vgl. Elias 1976 u. 1980). Dieser zeichnet sich durch die Errichtung eines staatlichen Gewaltmonopols und einer zunehmenden Kontrolle triebhafter Impulse aus. So gesehen ist das hier beschriebene Anti-Ge-walt-Training ein Baustein in einem großen Puzzle, das sich zu einer fried-volleren Gesellschaft zusammenfügen lässt. Folgt man Norbert Elias, so schreitet dieser Prozess fort, egal ob der Einzelne dies will oder nicht oder sich gar dagegen stemmt wie die 135 Abgeordneten der CDU/CSU, die 1997 gegen die damals eingeführte Strafbarkeit der Vergewaltigung in der Ehe stimmten. Diese Abgeordneten waren offensichtlich emotional und geistig in einer früheren geschichtlichen Epoche hängengeblieben. Dies zur Information: Gemäß Elias dürfte es sich in etwa um das zehnte, elfte oder zwölfte Jahrhundert gehandelt haben, als Ritter in ihren Guts-bezirken unumschränkte Gewaltherrscher waren und Vergewaltigungen der Überlieferung nach noch unter dem „Recht der ersten Nacht" firmier-ten.

Auch wenn ich hier allein als Verfasser erscheine, so ist das Training doch immer ein Gemeinschaftswerk gewesen. Danken möchte ich daher mei-nen ehemaligen Kollegen Holger Komoß (2008-2013) und Christoph Mod-lich (2013-2014) und meinem aktuellen Kollegen Sascha Freitag (seit 2015) für die vertrauensvolle und kreative Zusammenarbeit. Ohne sie wäre das Training all die Jahre nicht möglich gewesen. Dank geht auch an Eleonore Tatge, Hauptkommissarin und Präventionsfachkraft bei der Po-lizeiinspektion Lüneburg, der die Unterstützung unseres Trainings immer auch ein persönliches Anliegen war. Ihre Expertise ist nahezu unverzicht-bar.

Der *Stiftung Diakonie – Ich mache mit* danke ich für die wiederholte Mit-finanzierung dieses Anti-Gewalt-Trainings.

Seit 38 Jahren lese ich die Bücher von Wolfgang Schmidbauer. Sie haben mir nicht nur etliche Stunden von Lesegenuss geliefert, sondern sind die in ihnen beschriebenen psychodynamischen Prozesse praxisnah und somit auch hilfreich für dieses Anti-Gewalt-Training gewesen. Die in seinen Publikationen immer wieder thematisierten Zusammenhänge zwischen narzisstischen Störungen und Paarproblemen beflügelten meine Arbeit. Somit geht ein besonderer Dank an Wolfgang Schmidbauer; auch für seine Worte zum Geleit.

Last, but not least: Danken möchte ich aber auch den Teilnehmern, die zumeist engagiert mitgearbeitet haben und das ihnen von uns unterbreitete Angebot des Wachstums und der Veränderung aufgegriffen und umgesetzt haben. Damit haben sie mir das Gefühl vermittelt, eine sehr befriedigende Arbeit zu tun. Und damit geht es hier, wie der Leser merken wird, auch um Narzissmus, nicht nur als Erklärungsmodell für häusliche Gewalt, sondern auch als Motiv therapeutischen und schriftstellerischen Handelns. Sicher geschieht das Eine unter negativen Vorzeichen und mit zerstörerischen Wirkungen, während das Andere vielleicht eher durch positive und gesunde Formen der Selbstdarstellung gekennzeichnet ist.

Und zuallerletzt danke ich besonders meinem Sohn Julian für das kritische Gegenlesen und das professionelle Layouten dieses Textes. Ohne seinen Sachverstand und sein ausgeprägtes Gefühl für Sprache wäre dieses Buch nicht erschienen.

1. Epidemiologie häuslicher Gewalt

Unter Gewalt lässt sich – ganz allgemein formuliert – ein Verhalten verstehen, dass einer anderen Person absichtsvoll einen Schaden zufügt. Dieser Schaden kann körperlicher und/oder psychischer Art sein. Hierbei ist zu berücksichtigen, dass die Mechanismen der psychischen Gewaltausübung sehr sublim sein können und in ihrer Auswirkung nicht unbedingt einer direkten Beobachtung zugänglich sind wie z. B. die Folgen einer körperlichen Misshandlung, die dann etwa als blaue Flecken oder

Knochenbrüche in Erscheinung treten und für jeden unmittelbar einsichtig sind. Nichtsdestoweniger sind psychische Repressalien, die z. B. darin bestehen können, einen anderen Menschen schwer zu ängstigen, als Gewaltausübung anzusehen, auch wenn sie strafrechtlich nicht unbedingt immer greifbar sind.

Aber auch die Zufügung sozialer Schäden lässt sich als eine Form der Gewalt begreifen. Zu denken ist hier z. B. an Männer, die wiederholt am Arbeitsplatz ihrer (Ex-)Partnerin auftauchen, um diese zu belästigen, beim Arbeitgeber zu denunzieren oder durch ihr Verhalten dort die Arbeitsabläufe stören. Nach Angaben von häuslicher Gewalt betroffener Frauen hat ein derartiges Verhalten ihrer (Ex-)Partner ihnen den Arbeitsplatz gekostet. Dies scheint allerdings eher in Einzelfällen zuzutreffen, es ist offenbar kein Massenphänomen.

Um das Ausmaß häuslicher Gewalt in etwa zahlenmäßig bestimmen zu können, gibt es verschiedene Zugangswege. Bundesweite Untersuchungen gehen davon aus, dass 37% der Frauen ab dem 16. Lebensjahr mindestens einmal Opfer körperlicher Gewalt wurden (Vgl. BMFSFJ 2008, S. 7). Die Gewalterfahrung ist überwiegend an Partnerbeziehungen gebunden. Mindestens jede vierte Frau (25%) im Alter von 16 bis 85 Jahren erlebte Übergriffe innerhalb der Partnerbeziehung. Knapp ein Drittel (31%) gaben an im bisherigen Leben nur eine Gewaltsituation erlebt zu haben. 36% erlebten zwei bis zehn gewalttätige Auseinandersetzungen und 33% berichteten von zehn bis 40 derartigen Zwischenfällen (Vgl. BMFSFJ 2008, S. 8). Mit anderen Worten: Gewalt ist vielfach ein chronisches Leiden; egal ob man es von der Seite des Opfers oder des Täters betrachtet.

Eine EU-weite Untersuchung, veröffentlicht im Jahre 2014, besagt, dass 22% der Frauen ab dem 15. Lebensjahr körperliche und/oder sexuelle Gewalt durch einen derzeitigen oder früheren Partner erfahren haben.

Nimmt man noch die Kategorie „andere Person" hinzu, so steigt der Wert auf 35% (Vgl. Agentur d. Europäischen Union f. Grundrechte 2014, S. 19).

Gefragt wurde ebenfalls nach Gewalterfahrungen vor dem 15. Lebensjahr. 37% der Frauen berichteten von ausschließlich körperlicher Gewalt, 13% von ausschließlich sexueller Gewalt und 42% berichteten von körperlicher oder sexueller Gewalt. (Ders. a. a. O., S. 34)

Ein differenzierteres Bild darüber, wer wann welche Art von Gewalt ausübt, ergibt sich, wenn man Täter und Opfer nach schulischem und beruflichem Bildungsgrad unterscheidet.

„Alles in allem verweist die Analyse darauf, dass das Nichtvorhandensein von Bildungs- und Ausbildungsressourcen ein relevanter Risikofaktor für erhöhte Gewaltbelastungen von Frauen in Paarbeziehungen, insbesondere bei jüngeren Frauen in der regenerativen Phase, sein kann, dass aber eine höhere Bildung und Ausbildung gegenüber mittleren und geringen Bildungsgraden nicht generell das Risiko von (schwerer) Gewalt durch Partner vermindert." (BMFSFJ 2014, S. 30) Hier wird ein Ursachenbündel für häusliche Gewalt angedeutet, dass sich vermutlich, zumindest teilweise, in fataler Weise verstärkt. Die regenerative Phase ist mit dem Ausbildungsabschluss, der Paarbildung, der Wohnsitzbildung, der Kinderaufsucht spezifischen Belastungen in kurzer Folge oder gar gleichzeitig ausgesetzt, was oft Konflikte provoziert. Ein fehlender Schul- und Ausbildungsabschluss lässt vermuten, dass diese jungen Frauen unter schwierigen sozialen Bedingungen sozialisiert wurden. Das heißt wiederum auch, dass sie wahrscheinlich diverse Schädigungen ihres Selbstgefühls erlitten haben. Damit sind sie für konflikthafte Auseinandersetzungen in der Partnerschaft vergleichsweise schlecht gerüstet. Dies soll an dieser Stelle aber nicht weiter ausgeführt werden. Hier sei auf die Ausführungen Schmidbauers im dritten Kapitel *Psychoanalytisches Erklärungsmodell für häusliche Gewalt* verwiesen. Aber auch wenn Frauen über eine höhere Bildung, teilweise auch höher als die ihrer Partner verfügen, sind sie besonderen Risiken ausgesetzt. „Männer mit höherer Bildung übten vor allem dann häufiger schwere Gewalt aus, wenn die Partnerin ihnen hinsichtlich der Bildung gleichwertig oder überlegen und nicht unterlegen war." (BMFSFJ 2014, S. 31) Dann zieht die Studie eine Schlussfolgerung, die wir so nicht ziehen würden: „Insofern spielen auch Fragen von Bildungsangleichung und Bildungsdiskrepanzen zwischen den Geschlechtern eine maßgebliche Rolle bei der Entstehung und Aufrechterhaltung von (schwerer) Gewalt in Paarbeziehungen." (BMFSFJ 2014, S. 31) Unserer Erfahrung nach sehen sich Männer einem erhöhten Kränkbarkeitsrisiko ausgesetzt, wenn sie auf eine Partnerin treffen, die ihnen an Ausdrucks- und Verbalisationsfähigkeit gleichwertig oder überlegen ist. Im Streitfalle haben sie schnell das Gefühl, ins Hintertreffen zu geraten. Wenn ihnen die Argumente ausgehen oder sie den Eindruck haben, dass sie ihnen im Munde umgedreht werden, werden schnell Gefühle von Ohnmacht und Hilflosigkeit provoziert, die die Männer nur sehr schwer oder gar nicht aushalten können. Gewalttätiges Verhalten bekommt dann die Funktion der Gefühlsregulation. Durch den Gewaltakt wird das Gefühl der Ohnmacht in das der Macht gewandelt. Diese Dynamik findet sich nicht nur bei gebildeten Paaren, sondern ist sie auch bei weniger gebildeten vorhanden. Voraussetzung scheint allerdings ein Gefälle der Kommunikationskompetenz zu Ungunsten des Mannes zu sein.

So wie relativ ungebildete junge Frauen einem erhöhten Risiko der Gewalterfahrung ausgesetzt sind, trifft dies umgekehrt auch für Männer zu, die dann die Täterrolle einnehmen. „Ansonsten übten vor allem Männer, die über keine Schulabschlüsse verfügten (14%) und/oder keinen qualifizierten Ausbildungsabschluss hatten (9%), tendenziell häufiger schwere bis sehr schwere körperliche und/oder sexuelle Gewalt gegen die Partnerin aus, wobei diese Anteile bei Männern, die beides – keinen Schul- und keinen qualifizierten Ausbildungsabschluss – hatten, deutlich am höchsten lagen: Von diesen hatte jeder sechste (18%) schwere körperliche Gewalthandlungen oder sexuelle Gewalt gegen die aktuelle Partnerin verübt." (BMFSFJ 2014, S. 31) Männer mit geringem Bildungsniveau scheinen auch in erhöhtem Maße psychische Gewalt auszuüben. „Bemerkenswert ist auch unabhängig von körperlicher/sexueller Gewalt die hohe Neigung von Männern ohne Schul- und Berufsabschlüsse, mäßige bis sehr schwere psychische Gewalt gegen die Partnerin zu verüben (45% vs. 15-18% bei den anderen Befragungsgruppen)." (BMFSFJ 2014, S. 31) Was ist hier der vermutlich ursächliche Faktor? Vieles spricht dafür, dass psychisch erheblich gestörte Männer schon in der Schule bzw. in der Berufsausbildung über massive Schwierigkeiten verfügten, deren Resultat mangende Bildungs- und Berufsabschlüsse sind. Im Sinne eines Rückkopplungsprozesses vermag dieses frühe Versagen wiederum das Selbstwertgefühl zu beeinträchtigen. Diese psychisch beeinträchtigten Männer neigen offenbar bei Partnerschaftskonflikten überproportional zu gewaltförmigen Konfliktlösungsmustern.

Häusliche Gewalt gegen Migrantinnen ist in den Untersuchungen und Statistiken überrepräsentiert. Gleichzeitig treten hier zum Teil besondere Schwierigkeiten auf, wenn es darum geht, Hilfsangebote zu platzieren. Zum einen ist hier die Sprachbarriere zu nennen, zum anderen sind gerade muslimische Frauen noch ganz anders in ihre Familie eingebunden und gegen die bundesrepublikanische Gesellschaft abgeschottet. Problemlösungen für Paarkonflikte werden weniger von außen erwartet und zugelassen, sondern vielmehr innerhalb der Community angestrebt. Für Frauen, die ihre Männer nach Gewaltakten verlassen, besteht immer das Risiko, dass sie den Anschluss an ihre Community verlieren, quasi ausgeschlossen werden und aber auf der anderen Seite auch nicht wirklich in die deutsche Gesellschaft integriert sind (Vgl. Müller/Bohne 2015). Zugleich wäre hier zu fragen, ohne damit in rassistische Stereotype zu verfallen, ob bestimmte Gesellschaften partnerschaftliche Gewalt, genauer, männliche Gewalt gegenüber Frauen, eher legitimieren als westliche geprägte Demokratien. Zu vermuten ist, dass insbesondere in Ländern, die seit Jahrzehnten oder gar Jahrhunderten autoritär regiert werden, sich auch entsprechende Herrschaftsmuster in den zwischenmenschlichen Beziehungen finden, egal ob man das Verhältnis zwischen Mann und Frau oder zwischen Eltern und Kindern betrachtet.

In Niedersachsen wurden im Jahre 2003 rund 2.000 Fälle von häuslicher Gewalt bei den BISS-Beratungsstellen dokumentiert. Davon wurden 78% von der Polizei übermittelt. Die anderen 22% waren Selbstmelderinnen (Vgl. NMSFFG 2005, S. 20).

In knapp einem Viertel der Fälle waren die Täter alkoholisiert (Vgl. NMSFFG 2005, S. 22). „In 62% der bei den BISS registrierten Fälle lebten in den betroffenen Haushalten minderjährige Kinder, von denen wiederum knapp die Hälfte unter sechs Jahre alt war. In 57% der Fälle mit minderjährigen Kindern waren die Kinder Zeugen des gewalttätigen Vorfalls, der zu der Biss Beratung führte, geworden, in 14% der Fälle hatte sich die Gewalt dabei auch gegen sie gerichtet." (NMSFFG 2005, S. 23) 27% der Frauen hatten einen Migrationshintergrund, d. h. entweder waren sie keine deutschen Staatsbürgerinnen oder sie waren Spätaussiedlerinnen.

Bei allen elf Staatsanwaltschaften in Niedersachsen wurden Ansprechpartner für den Bereich „Häusliche Gewalt" benannt (Vgl. NMSFFG 2006, S. 12).

Im Jahre 2013 befragte das Landeskriminalamt Niedersachsen in einer Dunkelfeldstudie 14.241 Personen im Alter zwischen 16 und 93 Jahren nach ihren Gewalterfahrungen in Paarbeziehungen im Jahre 2012 (Vgl. LKA 2014). 7,8% der Befragten berichteten von Gewalterfahrungen. Der Anteil der Frauen betrug 9,4% und der der Männer 6,1%. Etwa die Hälfte der Befragten erlebte ausschließlich psychische Gewalt wie lächerlich machen, demütigen und seelisch verletzen. Gewalterfahrungen nehmen offenbar mit dem Alter ab. Bei den 16- bis 29-jährigen waren es 19,6%, die von Gewalt in der Partnerschaft berichteten. Bei den über 60-jährigen waren es hingegen 4,4%. Etwa jedes dritte Opfer berichtete von mehrmaliger Gewalt. Lediglich 5,7% der Gewaltopfer suchten Unterstützung bei der Polizei. Bei körperlicher Gewalt betrug der Anteil 11,0%. Unterstützung wurde vornehmlich im privaten Bereich gesucht. 72,4% der Gewaltopfer wandten sich an Freunde und 54,9% an Familienangehörige. Gewalterfahrungen scheinen – zumindest oberflächlich betrachtet – sehr unterschiedlich über die Sozialschichten verteilt zu sein. „Wird die schulische Bildung als Referenz zugrunde gelegt, steigt der Opferanteil mit der Höhe des schulischen Abschlusses an, d. h. je höher die schulische Bildung, desto höher der Opferanteil. 9,3% der Befragten mit (Fach-) Abitur bzw. Fach- oder Hochschulabschluss berichteten von Gewalt in ihrer Partnerschaft im Jahre 2012, bei Befragten ohne Schulabschluss bzw. mit einem Haupt- oder Volksschulabschluss waren es dagegen 5,2%." (LKA 2014, S. 32) Die Autoren dieser Studie führen allerdings die Möglichkeit an, dass Angehörige gebildeterer Schichten eher psychische Übergriffe auch als Gewalt definieren. Hier wären differenziertere Daten und Betrachtungen notwendig.

Neuere Zahlen zur Partnerschaftsgewalt lieferte 2017 das Bundeskriminalamt (BKA). Es registrierte 2016 unter den Straftaten Mord und Totschlag, Körperverletzungen, Vergewaltigung, sexuelle Nötigung, Bedrohung und Stalking insgesamt 133.080 Opfer von vollendeten oder versuchten Delikten der Partnerschaftsgewalt. 2015 waren es 127.457 registrierte Opfer, somit eine Steigerung um 4,4%. „Am häufigsten wurden die Personen Opfer einer vorsätzlichen einfachen Körperverletzung (86.064 Personen; 64,7%), gefolgt von Bedrohung (18.678 Personen; 14,0%) und gefährlicher, schwerer Körperverletzung oder einer solchen mit Todesfolge (insgesamt 16.805 Personen; 12,6%). Ferner wurden 8.525 Opfer von Stalking (6,4%), 2.567 von Vergewaltigung und sexueller

Nötigung (1,9%) sowie 441 von Mord und Totschlag (0,3%) registriert. Hinsichtlich der Beziehung des Opfers zum/zur Tatverdächtigen dominierte der Status „ehemalige Partnerschaften" (48.816 Opfer; 36,7%), gefolgt von „Ehepartner" (44.977 Opfer; 33,8%) und „Partner nichtehelicher Lebensgemeinschaften" (38.601 Opfer; 29,0%). Mord und Totschlag fielen insbesondere „Ehepartner (51,5%) zum Opfer, wohingegen ehemalige Partner mehrheitlich von Stalking (88,8%) oder Bedrohung (55,1%) betroffen waren." (Bundeskriminalamt 2017, S. 5) 2016 wurden 466 Menschen, 139 Männer und 327 Frauen, Opfer einer einfachen Körperverletzung im Rahmen einer eingetragenen Lebenspartnerschaft. Das entsprach einem Anteil von 0,5% an allen registrierten Opfern im Bereich einfacher Körperverletzung. Da nicht exakt bestimmbar ist wie viele homosexuell orientierte Menschen in einer eingetragenen Partnerschaft leben, kann nur vermutet werden, dass häusliche Gewalt unter homosexuell orientierten Menschen hier statistisch unterrepräsentiert ist. Auffällig ist aber, dass wesentlich mehr Frauen in ihrer eingetragenen Lebenspartnerschaft Opfer einer einfachen Körperverletzung wurden (Vgl. Bundeskriminalamt 2017).

2. Charakterisierung der Täter

Warum ist es nicht unerheblich zu wissen, wer die gewalttätigen Männer sind, was sie auszeichnet? Auf diese Fragen lassen sich vor allem pragmatische Antworten geben. Generelles Wissen über die Klientel – trotzdem die Frage der Teilnahme an einem Anti-Gewalt-Training immer am Einzelfall orientiert bleiben muss – ist bedeutsam bei der Einschätzung, ob ein Anti-Gewalt-Training die richtige Maßnahme ist, mit welchen Schwierigkeiten und Ergebnissen zu rechnen ist. Genaueres Wissen über Männer, die im Bereich häuslicher Gewalt auffällig wurden, kann hilfreich sein, um die Fragen nach den Voraussetzungen aber auch den Alternativen zur Teilnahme an einem Training zu beantworten. Konkret bedeutet dies, dass z. B. Männer mit einer ausgeprägten Suchtproblematik nicht ohne weiteres an einem derartigen Training teilnehmen können. Zuvor erscheint die Bearbeitung der Abhängigkeitsproblematik vorrangig. Näheres im Abschnitt 2.1.

Peichl verweist in seinem sehr informativen Buch über destruktive Paarbeziehungen auf amerikanische Kollegen (Holtzworth-Munroe und Stuart), die 1994 vorliegende Studien auswerteten, um herauszufinden, was die männlichen Täter im Bereich häuslicher Gewalt auszeichnete. Sie unterscheiden drei Typen von Schlägern. Da ist zum einen der familienbezogene Schläger: „Die Gewaltintensität ist bei dieser Gruppe am wenigsten stark ausgeprägt, wenig psychische und sexuelle Gewalt. Die Gewalthandlungen kommen nur innerhalb der Familie vor und generalisieren nicht in die Lebenspraxis außerhalb der Bindung. Diese Männer haben auch keine Probleme mit dem Gesetz, zeigen wenig Psychopathologie und keine ernsthafte Persönlichkeitsstörung." (Peichl 2008, S. 65) Etwa 50% aller Schläger seien dieser Gruppe zuzurechnen. Sie tauchen selten in psychotherapeutischen Praxen auf. Eine zweite Gruppe wird „dysphorisch/borderline gestörte Schläger" genannt. „In dieser Gruppe finden sich Männer mit mittelmäßigem bis ernsthaftem Missbrauch von Frauen, die neben körperlicher auch psychischen und sexuellen Missbrauch anwenden." (Peichl 2008, S. 65) Einige dieser Männer weisen in ihrer Biografie kriminelle Delikte auf oder waren auch außerhalb der Familie gewalttätig. Viele dieser Männer haben Alkohol- oder Drogenprobleme. Ihr Anteil an der Population der gewalttätigen Männer wird auf 25% geschätzt. Die dritte Gruppe wird als „generell gewalttätige/antisoziale Schläger" bezeichnet. „Was die Massivität der Gewalt angeht, finden wir mittlere bis schwere Gewaltausbrüche dieser Männer, inklusive psychischen und sexuellen Missbrauch. Auch außerhalb der Familie neigen die Männer vermehrt zu Gewaltanwendung und haben meistens eine ausgedehnte Geschichte krimineller Vergangenheit und illegaler Handlungen.

Viele haben Probleme mit Alkohol und benutzen Drogen, aus psychiatrischer Sicht wurde sehr häufig die Diagnose einer anti-sozialen Persönlichkeitsstörung oder anderer Psychopathologien gestellt." (Peichl 2008, S. 66) Ihr Anteil an der Population der gewalttätigen Männer dürfte laut Peichl 25% betragen. Sie sind am schwersten gestört.

Hinsichtlich dieser Charakterisierung gibt es aus meiner Sicht Vieles anzumerken. Nimmt man die erste Gruppe, so scheinen die Autoren unausgesprochen zu behaupten, dass in nahezu der Hälfte der Fälle häuslicher Gewalt die Taten von „normalen" oder „annähernd normalen" Männern ausgeübt werden, denn die Täter zeigen ja angeblich wenig Psychopathologie. Ist dies vorstellbar? Wie wäre deren gewalttätiges Verhalten dann zu erklären? Ginge es dann ausschließlich situativ aus alltäglichen Kommunikationsproblemen hervor? Hätte es dann einen ähnlichen Stellenwert wie Missverständnisse bei einem Streit, wenngleich die Folgen zumeist bedeutungsvoller wären? Aber wie ist es dann zu erklären, dass nicht alle Männer in häuslichen Konflikt- und Streitsituationen gewalttätig reagieren? Möglicherweise haben wir in den letzten zehn Jahren mit unserem Anti-Gewalt-Training teilweise eine andere Population gewalttätiger Männer erreicht. Als wir die Männer in den ersten Jahren des Trainings noch einer psychologischen Testung unterzogen, wurde deutlich, dass alle psychopathologisch auffällig waren. Die Aggressionsverarbeitung war bei allen Männern gestört. Männer mit geringer Psychopathologie wiesen zumeist depressive Strukturen auf. Sie nahmen Ärger oft nicht rechtzeitig oder ausreichend wahr oder hielten Ärger oft zurück, um dann überzogen zu reagieren. Hier kam es dann in Streitsituationen mit der Partnerin zu leichten Gewalttätigkeiten wie Schubsen oder einer Ohrfeige.

Die zweite und die dritte Gruppe sind auch in unserer Klientel vertreten. Allerdings gehen wir unserem klinischen Eindruck nach davon aus, dass die Männer mit einer narzisstischen Problematik bis hin zu einer narzisstischen Persönlichkeitsstörung einen bedeutsamen Anteil ausmachen. Wie sind diese Differenzen zu erklären? Sind es wirkliche Unterschiede in der Population gewalttätiger Männer oder kann auch eine unterschiedliche diagnostische Klassifizierung eine Rolle spielen? Sie hätte dann wiederum gewaltige Ausmaße. Nun sind Diagnosen keine in Stein gemeißelte Wahrheiten und nicht immer verlässlich, manchmal nur vorläufig oder unter dem Vorbehalt des Verdachtes gestellt worden. Diese erheblichen Differenzen in der diagnostischen Einschätzung sind allerdings trotz all auffällig. Zur Illustrierung der narzisstischen Empfindlichkeit ein Beispiel:

> Herr U. bricht seiner Partnerin im Streit eine Rippe, ist über sich selbst schockiert und zeigt sich selbst an. Das Verfahren wird allerdings eingestellt. Er beginnt das Anti-Gewalt-Training, bricht es aber ab, als er sich vorübergehend von seiner Partnerin trennt. Ein gutes halbes Jahr später meldet er sich per E-Mail beim Autor dieser Zeilen und bittet um ein Paargespräch. Er sei mittlerweile mit seiner langjährigen Partnerin verheiratet, aber er werde zunehmend aggressiv. Da ich keine Paarberatung anbiete, verweise ich per Mail an die Ehe- und Lebensberatungsstelle. Herr U. schreibt wiederum zurück und besteht darauf bei mir einen Termin zu bekommen. Daraufhin lade ich ihn in eine Offene Sprechstunde ein, die ich für die Ehe- und Lebensberatungsstelle durchführe. Das Paar meldet sich für eine Paarberatung an und Herr U. nimmt das abgebrochene Anti-Gewalt-Training wieder auf. Am Ende des Beratungsgespräches erwähnt die Ehefrau, dass ihr Mann über meine Mail enttäuscht gewesen sei. Auf Nachfrage meinerseits, worüber er enttäuscht gewesen sei, entgegnet er, dass meine Antwortmail sachlich und hilfreich gewesen wäre, er sich aber gewünscht hätte, dass ich mich nach ihm und seinem Befinden erkundigt hätte.

Häusliche Gewalt ist kein eindimensionales Geschehen, das ausschließlich auf der narzisstischen Störung der gewalttätigen Männer beruht. Es ist immer auch Ausdruck eines Interaktionsprozesses, allerdings nicht in dem Sinne, wie es manche Männer verstehen, wenn sie meinen, dass ihr gewalttätiges Verhalten durch die Partnerin provoziert wurde und die damit auch die Verantwortung für den durch den Mann erfolgten Übergriff der Frau zuschieben. Wir wollen nicht in Abrede stellen, dass sich bei Paarstreitereien Frauen wohlmöglich provokant gegenüber den Männern verhalten oder äußern. Dies mag vielfach geradezu bei eskalierenden Streitereien dazugehören. Auch Männer verhalten sich in gleicher Weise. Entscheidend ist erstens, dass Provokationen keine gewalttätigen Handlungen legitimieren und zweitens bleibt die Verantwortung, unabhängig von jeglicher Provokation, bei dem gewaltausübenden Partner. Vielfach kommt es zu Gewalt und vor allem zu wiederholter Gewalt, weil die beteiligten Partnerinnen nicht in der Lage sind, ihrem Partner rechtzeitig und vor allem auch ausreichend ihre Grenzen aufzuzeigen. In diesem Sinne sind die Frauen an der gewalttätigen Eskalation partnerschaftlicher Auseinandersetzungen beteiligt, wenngleich sie für den Griff zur Gewalt nicht verantwortlich sind. Einer aktuellen Anzeige aus dem Oktober 2018 wegen Körperverletzung ist folgender Text entnommen, Namen wurden vom Autor verändert:

> „Sie schildert, dass es in der Nacht zu heute zwischen ihr und ihrem Lebensgefährten Herbert Baum Streit gegeben habe. Grund sei die krankhafte Eifersucht ihres Lebensgefährten gewesen. Frau Meyer arbeite im Hotel *Zum goldenen Hirsch* in Lüneburg und hätte gestern etwas länger als gewöhnlich arbeiten müssen. Zwei Arbeitskollegen hätten ihr angeboten, sie nach Feierabend mit dem Auto zu Hause abzusetzen, da Frau Meyer keinen Führerschein bzw. Pkw habe. Dieses Angebot habe Frau Meyer in Anspruch genommen. In der Wohnung angekommen(sic) sei ihr Freund daraufhin ausgerastet. Er habe ihr unterstellt (sic) ihn angelogen zu haben. Frau Meyer gibt an, dass ihr Freund ihr das Leben aufgrund seiner Eifersucht schwermache. Sobald beispielsweise in der Toilette noch Urinspritzer zu sehen seien, unterstelle er, dass ein fremder Mann in der Wohnung gewesen sei. Frau Meyer habe aus diesem Grund mittlerweile den Kontakt zu ihren Freunden fast vollständig abgebrochen, um Konflikte zu vermeiden. Gestern Nacht sei der Streit nur

verbal abgelaufen. Frau Meyer habe jedoch Angst vor ihrem Partner gehabt und habe sich aus diesem Grund im Schlafzimmer eingeschlossen. Am nächsten Morgen, um 10.00 Uhr, habe sie das Zimmer verlassen und gesehen, dass Herr Baum in der Wohnung randaliert habe. Er habe ihre Kleidung zerrissen, auf den Spiegel „Du Nutte" geschrieben und persönliche Bilderrahmen von der Wand gerissen. Frau Meyer habe sich so sehr über diesen Umstand geärgert, dass sie mit einem zerbrochenen Bilderrahmen in der Hand auf Herrn Baum zu gerannt sei und ihn im Bereich des Kopfes kneifend gegriffen hätte. Herr Baum habe sie daraufhin mit der Faust ins Gesicht geschlagen. Daher stamme die Verletzung am Auge. Nach der Auseinandersetzung sei Herr Baum zur Arbeit gegangen.

Bei Wiederkehr habe Frau Meyer sich aus Angst vor ihm erneut im Schlafzimmer eingeschlossen. Herr Baum habe die Tür eingetreten und versucht (sic) Frau Meyer ein Handy wegzunehmen. Sie habe dann die Polizei gerufen, weil sie davon ausging, dass „sonst etwas ganz Schlimmes passieren würde." Auf Nachfrage, was Frau Meyer mit dieser Äußerung meine, gibt sie an (sic) „ich glaub, er würde mich nicht töten". Ich frage Frau Meyer, ob sie Strafantrag stellen wolle. Zunächst zögert sie, dann gibt sie jedoch an, Strafantrag stellen zu wollen und unterschreibt das Formular.

Weiterhin gibt Frau Meyer an, dass es bereits in der Vergangenheit zu einem körperlichen Angriff gekommen sei. Das sei Mitte August/Ende August gewesen.

Frau Meyer habe eine Freundin in Hannover besucht. Dies sei im Einvernehmen mit Ihrem Freund gewesen, da dieser ihr eine Chance geben und sein Vertrauen unter (-stellen, A.v.B.) wollte. Jedoch habe Frau Meyer ihren Zug zurück verpasst und daher sei es erneut zum Streit gekommen. Aus Angst vor Herrn Baum habe Frau Meyer sogar die Polizei angerufen. Im Telefonat habe sie dann jedoch wieder „zurückgerudert" und auf das Erscheinen einer Polizeistreife verzichtet. Im Anschluss an das Telefonat habe Herr

Baum Frau Meyer mehrfach gegen eines ihrer Beine getreten, sodass sie einen Arzt aufsuchen musste. Sie habe auch gerade noch ihr Gesicht vor einem Angriff schützen können. Der Arzt habe ihr bereits zu einer Anzeigenerstattung geraten. Ein Attest über die Verletzungen könne sie nachreichen. Frau Meyer wolle nun hiermit diesen Vorfall ebenfalls anzeigen.

Eindrucksvermerk:

Die Angaben der Frau Meyer wirken glaubhaft. Sie wirkt verängstigt und gibt an, nun eine konsequente Trennung herbeiführen zu wollen. In ihren Ausführungen wirkt sie jedoch schwankend und entschuldigt in ihren Formulierungen immer wieder das Verhalten des Herrn Baum und macht sich oder äußere Gegebenheiten für seine Übergriffe verantwortlich. In (der, A. v. B.) Vergangenheit habe sie immer wieder auf seine Entschuldigungen gesetzt. Aktuell schäme sie sich, dass sie noch mit so jemanden zusammen sei."

Sicher muss man sich davor hüten, aus einem Polizeiprotokoll allzu weite psychodiagnostische Schlüsse zu ziehen. Andererseits ist es schon sehr auffällig, wenn das Opfer der Gewalt diese Handlungen entschuldigt oder gar sich selbst die Verantwortung für diese Taten auflädt und die Beziehung mit dem Täter fortsetzt. Dieses Verhalten spricht für eine Traumatisierung der Frau, die vermutlich lange zuvor erfolgte. Diese Traumatisierung führt zu einer Identifikation mit dem Angreifer, die aber augenscheinlich nicht allumfassend ist, denn sonst würde die Frau in dieser Anzeige nicht diese Ambivalenzen erleben. Sie will nun die Trennung einleiten, ihn nicht weiter entschuldigen. Zugleich schämt sie sich, dass sie immer noch in der Beziehung verharrt ist. In diesem Schämen liegt ein gesunder Anteil, auch wenn das Gefühl der Scham die Sache nicht ganz trifft. Angemessener wäre es, wenn sie verwundert wäre, was sie da so lange hat mit sich machen lassen. Diese Verwunderung könnte zudem die Initialzündung zu einem wichtigen Prozess des Nachforschens darstellen, warum sie sich überhaupt in eine solche Beziehung hineinbegeben hat.

2.1 Substanzmissbrauch und Gewalt

Eine Analyse der 157 Anzeigen, die der Täterberatungsstelle Lüneburg im Jahre 2014 von der Polizei zugesandt wurden, ergab, dass in 47,7% Fällen (n=75) Substanzmissbrauch, zumeist Alkohol, im Zusammenhang mit dem Tatvorwurf der häuslichen Gewalt, in der Regel Körperverletzung, eine Rolle gespielt hat.

Die Anzeigen enthielten im Falle des Alkoholkonsums zumeist den ermittelten Promillegrad, der durch eine Atemalkoholkontrolle oder eine Blutentnahme festgestellt wurde. Ein erheblicher Alkoholisierungsgrad von mehr als zwei Promille, gelegentlich schon nachmittags oder am frühen Abend festgestellt, spricht für eine Alkoholabhängigkeit des tatverdächtigen Mannes, wenn man bedenkt, dass dieser Alkoholisierungsgrad ein Zufallsbefund war. Hin und wieder enthielten die Anzeigen auch die Angabe von Partnerinnen oder Zeugen, dass der tatverdächtige Mann an einer Alkoholabhängigkeit leide. Etliche Tatverdächtige waren Wiederholungstäter, die offenbar gehäuft gegen ihre Partnerinnen gewalttätig vorgingen. In Einzelfällen waren die tatverdächtigen Männer den Beratern auch durch ihre Arbeit in der Fachstelle für Sucht- und Suchtprävention persönlich bekannt oder dort registriert.

Diese Ausgangslage wirft eine Reihe von Fragen auf. Sind diese Fallzahlen ein Zufallsfund oder entsprechen sie einer typischen Problemkonstellation? Welche Rolle spielt Alkohol beim Auftreten von Gewalttaten? Ist sie Ursache der Gewalt oder eher ein begünstigender Faktor, wenn noch andere Bedingungen vorliegen? Lässt sich mit alkoholabhängigen Gewalttätern arbeiten? Was sollte hier Vorrang haben, die Entwöhnungsbehandlung oder das Anti-Gewalt-Training? Oder lässt sich beides kombinieren? Wenn ja, unter welchen Voraussetzungen?

Der Anteil der alkoholisierten Straftäter/Tatverdächtigen steigt, je spezifizierter das Verhältnis zwischen Täter und Opfer ist. 2012 wurden laut polizeilicher Kriminalstatistik 280.351 Tatverdächtige unter Alkoholeinfluss gezählt. Das waren 13,4% aller Tatverdächtigen. „Deutlich höher ist der Anteil alkoholisierter Täter im Bereich der registrierten Gewaltkriminalität. Dort wurden von 144.339 aufgeklärten Fällen 46.302 Delikte (32.1%) unter Alkoholeinfluss verübt, ..." (Görgen/Nowak 2013, S. 5)

Zur Einordnung der von uns ermittelten Daten, dass in 47,7% der Fälle von häuslicher Gewalt Alkohol eine Rolle spielte, hilft ein Blick auf andere Studien. In der Repräsentativstudie »Lebenssituation, Sicherheit und Gesundheit von Frauen in Deutschland« aus dem Jahre 2004 wird angemerkt, „so waren nach Angaben der Befragten 55% der Gewalt ausübenden Partner in den Situationen häufig oder gelegentlich durch Alkohol oder Drogen beeinträchtigt, und dieser Anteil stieg mit der Intensität und Frequenz der ausgeübten Gewalt deutlich an." (BMFSFJ 2008, S. 18) Einen ähnlichen Trend zur zunehmenden Alkoholisierung bei schweren Gewalttaten wurde auch vor wenigen Jahren in Niedersachsen beobachtet. "Bei körperlichen Gewalttaten spielte Alkohol häufiger eine Rolle als bei psychischen Gewalthandlungen (39,8% vs. 44,4%), insbesondere sehr schwere körperliche Gewalt (69,4%) und schwere psychische Gewalt (52,0%) erfolgte unter Alkoholeinfluss." (LKA 2014, S. 20)

Döge setzte gewalttätiges Handeln in Beziehung zur konsumierten Alkoholmenge. In Fällen von Partnergewalt gaben 27,5% der befragten Männer an, dass sie mehr als zwei Flaschen Wein oder zehn Flaschen Bier pro Woche konsumierten. 14,4% der Männer sagten, dass sie etwa eine Flasche Wein oder fünf Flaschen Bier pro Woche tranken (Vgl. Döge 2013, S. 138). Diese Angaben sind allerdings nur sehr bedingt aussagekräftig, wenn man weiß, dass viele Alkoholiker zwei Flaschen Wein oder zehn Bier pro Tag trinken. Eine differenziertere Erfassung der konsumierten Alkoholmengen hätte hier bessere Daten geliefert.

Die Beziehungen zwischen Alkohol bzw. Drogenkonsum sind vielfältig. Alkohol kann als Trigger und Katalysator für gewalttätiges Handeln fungieren." Alkoholkonsum kann ein euphorisierendes Machtgefühl verstärken, enthemmen, Problemlösefähigkeiten einschränken oder zur Fehlinterpretation von Gesten und Signalen führen." (Rummel 2010, S. 205) Gewalttätige Männer ziehen hieraus häufig den Schluss, dass der Alkoholkonsum für ihre Übergriffe verantwortlich sei. Wenn dieser unterlassen werde, sei das Problem aus ihrer Sicht beseitigt.

Die Annahme, der Alkohol sei für den gewalttätigen Übergriff verantwortlich, lässt sich als kognitive Verzerrung oder in der Diktion der Psychoanalyse als Abwehrmechanismus der Verleugnung verstehen. Die Verantwortung für die Gewalt liegt bei dem Täter, unabhängig von der genossenen Substanz und ihrer Menge.

Erhöhter Alkoholkonsum oder Drogenmissbrauch kann auch Folge erlittener Gewalthandlungen sein. Die Substanzen dienen dann der Regulation von Gefühlen der Angst und Hilflosigkeit. „Jeder Vorfall in einem der beiden Problembereiche löst in einer katastrophalen Feedbackschleife Steigerungen im anderen Bereich aus. Somit erhöht ein Vorkommnis familiärer Gewalt die Gesamthäufigkeit von Substanzmissbrauch in der jeweiligen Familie, während ein unter Alkohol- oder Drogeneinfluss auftretendes Verhalten wiederum familiäre Gewalt auslöst. Das Endergebnis ist wahrscheinlich ein Gefühl der Hilflosigkeit und Aussichtslosigkeit bei allen Familienmitgliedern." (Potter-Efron 2015, S. 505)

Insbesondere für die Kinder der von Alkoholismus und Gewalt betroffenen Familie bedeutet es den Verlust eines für die gesunde Entwicklung unumgänglichen Gefühls der Sicherheit. „Auch wenn ein Kind nicht aktiv bedroht wird, wenn es miterlebt/mithört, wie die Mutter geschlagen wird, dann erfährt es den Zusammenbruch der bisher sicher geglaubten Familie." (Lambrou 1993, S. 43)

Wenn Alkohol als Katalysator einer gewaltbereiten Persönlichkeit fungiert, stellt sich die Frage, ob mit der Abstinenz auch das gewalttätige Verhalten aufhört. Diese Frage ist komplex und wird offenbar je nach Perspektive unterschiedlich beantwortet. „Viele Frauen, die mit einem gewalttätigen und alkoholabhängigen Partner konfrontiert sind, haben die große Hoffnung, dass das gewalttätige Verhalten aufhört, sobald er sein Suchtverhalten überwunden hat. Zumindest aus meiner Beratungserfahrung kann ich das nicht bestätigen." (Sandrock 2010)

Unsere Erfahrung, die allerdings nur auf der Beobachtung von Einzelfällen und nicht auf einer systematischen Studie beruht, sagt eher das Gegenteil. Wie ist das zu erklären? Möglicherweise haben beide Erfahrungen ihre Berechtigung, da sie Unterschiedliches beobachten. Männer, die eine Entwöhnungsbehandlung absolviert haben, haben innerhalb dieser Behandlung oft auch an einem Kommunikationstraining teilgenommen und haben persönliche Konflikte zumindest ansatzweise bearbeiten können. Dadurch hat sich vielfach eine Erweiterung der kommunikativen Kompetenz ergeben, die sich im Alltag positiv auswirkt. Kränkungen durch den Beziehungspartner geschehen nicht mehr so leicht oder können, wenn doch, konstruktiver verarbeitet werden. Konflikte werden schneller als solche erkannt, anders bewertet und kompetenter einer Lösung oder einem Kompromiss zugeführt.

Möglicherweise sieht die familiäre Situation anders aus, wenn die Abstinenz im Alltag oder mittels einer Selbsthilfegruppe aus eigener Kraft gelingt. Diese Abstinenz ist darum nicht weniger als erhebliche Leistung zu achten. Aber es könnte damit einhergehen, dass trotz Abstinenz keine Veränderung im Kommunikations- und Streitverhalten erreicht wurde. Das Verarbeitungspotential für Kränkungen ist das gleiche geblieben, hat sich nicht verändert. Damit ließe sich wahrscheinlich, je nach Einzelfall, auch erklären, dass zwar die Abstinenz aber nicht das gewaltfreie Verhalten erreicht wurde.

Der unstrittige Zusammenhang zwischen Substanzabhängigkeit und Gewalt wirft die Frage auf, wo Anti-Gewalt-Trainings anzusiedeln sind. Hier gibt es unterschiedliche Orte je nach Setting. Das hier skizzierte Training ist konzipiert für die ambulante Arbeit im Kontext zweier Beratungsstellen. Damit ist auch klar, dass nur Klienten in Frage kommen, deren Abhängigkeit, zumeist reden wir da von einer Alkoholabhängigkeit, Phasen der Abstinenz zulässt, um konzentriert im Programm mitzuarbeiten.

Bei schweren Formen der Abhängigkeit raten wir zuerst diese zum Stillstand zu bringen. Zumeist ist hier eine stationäre Entwöhnungsbehandlung angezeigt. Das Anti-Gewalt-Training kann dann danach absolviert werden. Beachtet werden sollte dann allerdings, ob sich an die stationäre Entwöhnung noch eine sogenannte Weiterbehandlung in der Beratungsstelle anschließt. Diese kann bis zu 18 Monate dauern. Wir halten es für problematisch, wenn gleichzeitig die Weiterbehandlung und das Anti-Gewalt-Training absolviert werden, da dies dann einfach zu viel an therapeutischer Arbeit bedeuten kann. Viel ist nicht immer auch hilfreich. Manchmal sind Klienten auch geradezu euphorisch und wollen viel und an allen Ecken und Enden an sich arbeiten. Wenn ihnen zu Bewusstsein kommt, dass sie im bisherigen Leben Vieles versäumt oder vernachlässigt haben, kann der Druck steigen, nun eben Vieles nachzuholen und in Angriff zu nehmen. Etwaige Schuldgefühle gegenüber der Partnerin und den Kindern können noch das ihrige dazutun. Besonders schwierig ist es, wenn es Überschneidungen der Mitarbeiterschaft in beiden Gruppen gibt. Wird dann jemand wegen vielen Rückfällen oder Fehlzeiten aus einer der beiden Gruppen ausgeschlossen, so besteht eine hohe Wahrscheinlichkeit, dass er auch die andere Gruppe abbricht

Im stationären Setting einer Entwöhnungsbehandlung kann ein Anti-Gewalt-Training gut als indikatives Angebot gemacht werden (Vgl. Klein 2010 u. 2014). Hierbei ist allerdings zu bedenken, dass das Training dann in einer Art Schutzraum angeboten wird. Lebendiger und realitätsorientierter ist das Training, wenn die Männer im Alltag weiter mit ihren Partnerinnen und Kindern zusammenleben. Auftretende Schwierigkeiten, von denen in der Eingangsrunde des Trainings berichtet wird, können unmittelbar aufgegriffen und bearbeitet werden. Dies führt schnell zu einer Entlastung des Klienten und mittelbar zur Entlastung des familiären Systems. Außerdem fördert es sehr die intrinsische Motivation des Klienten zur Teilnahme an dem Training, da er einen unmittelbaren Nutzen erfährt.

2.2 Trauma und Gewalt

Traumatherapeuten beobachteten in den 1970er Jahren des letzten Jahrhunderts anhand der Verhaltensweisen von Vietnam-Veteranen, dass viele von ihnen oftmals Schwierigkeiten hatten mit ihren Wutgefühlen sozialverträglich umzugehen. Schon bei vergleichsweise geringfügigen Belastungen rasteten sie aus. Dies war ein Symptom, "das insbesondere deshalb Beachtung verdient, weil sie in solchen Situationen oft auch ihre Ehepartnerin oder ihre Kinder misshandeln." (Shapiro 2013, S. 380) Was bedeuten diese Befunde nun für die Verhältnisse in Deutschland? Da Deutschland sich seit gut zwei Jahrzehnten wieder an kriegerischen Auseinandersetzungen beteiligt, ist auch hierzulande mit einem steigenden Anteil traumatisierter Soldaten, z. B. Afghanistan-Rückkehrer zu rechnen. Im Unterschied zu den USA der 70er Jahre sind die psychotherapeutischen Handlungsmöglichkeiten heutzutage weitaus besser. Die folgenden Ausführungen haben aber einen anderen Schwerpunkt, da die Zahl traumatisierter Soldaten aus aktuellen Kriegseinsätzen eine vergleichsweise kleine Gruppe umfasst, was natürlich nicht bedeutet, dass deren psychosoziales Elend zu vernachlässigen ist. Viel interessanter scheint uns aber die Frage, welche Spätfolgen der zweite Weltkrieg zeitigte, der Millionen traumatisierter Menschen in Deutschland und anderen Teilen der

Welt hinterließ. Nun könnte man allerdings fragen, was die Beschäftigung mit einer Zeit bringen soll, die Jahrzehnte zurückliegt. Leider ist es nun so, dass psychisches Leiden in seiner Auswirkung nicht erledigt oder ausgestanden ist, wenn der ursprüngliche Protagonist später geheilt wurde oder zwischenzeitlich gar verstorben ist. Traumatisierungen führen zu Empathieschäden, die wiederum die Erziehungskompetenz einschränken. Zudem identifiziert sich die Generation der Kinder in jüngeren Jahren naturwüchsig, aber auch zwangsläufig mit der der Eltern, und wenn es auch nur die Identifikation mit dem Aggressor ist. Beide Mechanismen führen dazu, dass Traumatisierungen an die nachfolgende Generation weitergereicht werden. Auf Seiten der Kinder erfolgt dies dann durch die Verinnerlichung von Täterintrojekten. Dieser Prozess kann in seinen Auswirkungen durchaus unterschiedlich sein. Es werden z. T. unerklärliche Angstzustände über die Generationen weitergereicht oder die Kinder reagieren aggressiv oder autoaggressiv, ohne die Auslöser benennen zu können. Das viel zitierte Schweigen zwischen den Nachkriegsgenerationen beruhte auf einem Identifizierungsprozess, der gleichzeitig dazu führte, dass viele Kinder ihre Eltern unbewusst schützten. „Die frühkindliche, unbewusste libidinöse Bindung an eine geliebte Autorität, der man die Treue hielt, machte in vielen Fällen die Loslösung von den Eltern äußerst schwierig bis unmöglich. Obwohl sie sich in ihren Ich-Identifizierungen und in der bewussten Einstellung weit von der Welt der Väter entfernt hatten, konnten viele Angehörige der zweiten Generation die Spaltung des Vaterbildes nicht aufheben. Die positive Bindung verblieb im Unbewussten, schuf aber einen Loyalitätskonflikt, der dazu führte, die Tabus der Eltern nicht zu hinterfragen, sondern zu respektieren." (Bohleber 2009, S. 115) Die Errichtung von Tabus fand sich auch in der deutschen Wissenschaft. Erst in den 1990er Jahren des letzten Jahrhunderts begann die Erforschung der Lebenswelt der sogenannten Kriegskinder. Dass auch die Kinder der deutschen Täter traumatisiert wurden, ist lange nicht thematisiert worden. Vermutlich unterließ man es, um nicht in den Geruch zu kommen, das Elend der Opfer gegen das der Kinder der Täter aufrechnen zu wollen.

Da es zudem meines Wissens keine Untersuchungen, gar repräsentative, darüber gibt, wie hoch der Anteil traumatisierter häuslicher Gewalttäter heute ist, kann es eine erste Annäherung bedeuten, einen Blick in die Vergangenheit zu werfen. Die hier beschriebenen Prozesse der Traumatisierung, der intergenerationalen Trauma-Weitergabe und auch der Re-Traumatisierung sind immer auch Ergebnis politischer Prozesse und vor allem auch bewusster politischer Entscheidungen zugunsten bestimmter Interessensgruppen und somit auch zum Nachteil anderer Gruppen. Und es ist auch nicht zu vergessen, dass politische Entscheidungen, zumal nach einem Zivilisationsbruch, wie ihn die Jahre 1933-1945 darstellen, vielfach von traumatisierten Entscheidungsträgern getroffen wurden.

Wie sah nun das alltägliche Leben aus? Wie erlebten Kinder und Jugendliche das psychosoziale Klima der letzten Kriegsjahre und die Zeit nach Kriegsende? „Aber ein Gefühl, über das kaum gesprochen wurde und das die meisten Deutschen im Kampf ums Überleben vielleicht auch gar nicht wahrnehmen konnten, dürfte in der Bevölkerung weit verbreitet gewesen sein – Angst." (Bode 2008, S. 41) Diese Angst dürfte vielfältige Ursachen gehabt haben. Da war sicher die Angst vor Vergeltung wegen den während der Nazizeit begangenen Verfehlungen und Verbrechen. Diese Angst war sicher bis Anfang der 50er Jahre virulent. Dann wurde klar, dass die Masse der Täter in der neuen Bundesrepublik wenig bis gar nichts zu befürchten hatte, sieht man von den wenigen Angeklagten in den spektakulären Prozessen einmal ab. Insbesondere die Mitgliedschaft in der NSDAP, der SA und SS stand in der Regel einer beruflichen Karriere in der Bundesrepublik nicht im Wege (Vgl. Friedrich 1985). Die Verwaltungsgerichte und auch andere höhere Gerichte beschäftigten alte Nazis bis in die 70er Jahre. Der deutsche Geheimdienst wurde von einem Spionagespezialisten des Dritten Reiches geleitet und Massenmörder wie Klaus Barbie wurden vom BND und deutschen Botschaften in Südamerika geschützt. Das Bundeskriminalamt war eine Heimstatt für ehemalige Gestapoangehörige. Auf der anderen Seite wurden Opfern des Nationalsozialismus nach 1956 Entschädigungen aberkannt, wenn sie Mitglieder der KPD waren. Jüdische Überlebende der Vernichtungslager mussten jahrelang, und oft erfolglos, klagen, um als Verfolgte anerkannt zu werden.

Angst war aber vielfach auch das Ergebnis traumatischer Erfahrungen im Kriege oder in den unmittelbaren Jahren danach. Diese Erfahrungen trafen Männer wie Frauen und auch Kinder. Das psychopathologische Krankheitsbild der Posttraumatischen Belastungsstörung – auch wenn es diesen Begriff damals noch nicht gab – dürfte weitverbreitet gewesen sein. Einen guten und unmittelbaren Einstieg in die Thematik bietet die zeitgenössische Literatur der späten 40er und frühen 50er Jahre. Böll schildert in seinem Roman »Und sagte kein einziges Wort« einen Mann, einen ehemaligen Kriegsteilnehmer, der trinkt, Wutanfälle bekommt und seine in äußerst enger Behausung lebenden Kinder schlägt und deshalb seine Familie verlässt, um die Kinder vor ihm selbst zu schützen. Er führt seinen gereizten Seelenzustand auf die trotz Arbeit vorherrschende Armut und auf die beengten Wohnverhältnisse zurück. Zwischen seiner Frau und ihm entwickelt sich folgender Dialog: "Das ist doch der Grund, nicht wahr, du schlägst die Kinder, weil wir arm sind?" „Ja, " sagte er, "die Armut hat mich krank gemacht." (Böll 1983, S. 86) Der Zusammenhang zwischen materieller Armut und psychischer Erkrankung ist sicher nicht von der Hand zu weisen, besonders dann, wenn die Armut sehr massiv und mit einem Gefühl von Hilflosigkeit und Aussichtslosigkeit gekoppelt ist. Aber die Schilderungen Bölls geben auch Hinweise darauf, dass hier möglicherweise eine kriegsbedingte posttraumatische Belastungsstörung bei einer schon vorher belasteten Persönlichkeit vorliegt. Der Protagonist des Romans, Fred Bogner, verliert als Siebenjähriger die Mutter und fühlt sich fortan von Friedhöfen und Beerdigungszeremonien angezogen. Er lernt später keinen Beruf, hat wenig Freude an der Arbeit oder bestimmten

Freizeitaktivitäten. Ein depressiv getöntes Lebensgefühl wird hier nur allzu deutlich. Im Kriege fungiert er über Jahre als Telefonist und hört, vermutlich, nachdem der Krieg mit dem Fall von Stalingrad eine Wende nimmt, vornehmlich Meldungen über tote Soldaten. Dann wird er für drei Wochen zu einem Einsatz an die Front geschickt und seine Frau vermutet hier die Ursache seiner Veränderung: „Manchmal meine ich doch, daß der Krieg dir einen Knacks gegeben hat. Früher warst du anders." (Böll 1983, S. 107) Als Soldat musste Bogner an der Front Telegrafenkabel kontrollieren und flicken, gerät zwischen die toten Kameraden und erfährt eine psychische Veränderung. "Dann kroch ich langsam zurück, das Kabel in der Hand, stieß im Dunkeln wieder auf die Toten und blieb manchmal bei ihnen liegen. Einmal die ganze Nacht. Die anderen dachten, ich wäre tot, hatten mich gesucht, mich schon aufgegeben, aber ich lag die ganze Nacht neben den Toten, die ich nicht sah, nur fühlte – ich blieb bei ihnen liegen, weiß nicht warum–, und mir wurde die Zeit nicht lange. Als die anderen mich fanden, meinten sie, ich wäre betrunken gewesen. Und ich langweilte mich, als ich zu den Lebenden zurück mußte – du glaubst nicht, wie langweilig die meisten Menschen sind, die Toten sind großartig." (Böll 1983, S. 108) Traumatische, kriegsbedingte Erfahrungen führen zu einer massiven seelischen Einschränkung, die sich vielfältig manifestieren kann. Die Triebregulation wird über weite Strecken schwer kontrollierbar und das Einfühlungsvermögen ist massiv eingeschränkt. Schmidbauer bezeichnet dieses Phänomen als »Zentralisation«. „Die Zentralisation bedeutet in erster Linie einen Phantasieverlust. Wir brauchen Phantasie zu vielen seelischen Leistungen, die uns wichtiger erscheinen als die Phantasie selbst. Phantasie ist nötig, wenn wir uns in andere Personen einfühlen und wenn wir eigene Gefühle ausdrücken wollen." (Schmidbauer 1998, S. 69) Für viele traumatisierte Eltern – und die gab es nach 1945 in großer Zahl – wurden ihre Kinder, insbesondere, wenn sie sich ihre natürliche Lebendigkeit bewahren konnten, zu einer Gefahrenquelle. „Weil die Eltern ihre eigene Emotionalität und Triebhaftigkeit verstärkt als Quelle von inneren Gefahren erleben, werden sie zum Trauma für ihre Kinder.

Sie können deren Wünsche nur für anmaßend, ihre Glücksgefühle nur für voreilig, ja dumm halten. Leistung macht nicht froh, wird aber immerhin anerkannt. Freude ist gefährlich, Spontanität leichtsinnig." (Schmidbauer 1998, S. 289)

Das Kriegsgeschehen und das damit kaum fassbar verbundene Leid ließ Böll über Jahre nicht los. In der 1949 veröffentlichten Erzählung »Der Zug war pünktlich« beschreibt er die Gefühle und die Gedanken eines Soldaten, der in einem Zug, aus dem Fronturlaub kommend, wieder zum nächsten Einsatz durch Polen fährt. Er ahnt, dass er sterben wird und erfasst intuitiv den Ort seines Todes. Kurz zuvor begegnet er in einem Bordell einer polnischen Widerstandskämpferin, die als Prostituierte Informationen von Wehrmachtsangehörigen sammelt. In der nachfolgenden Szene verdichtet sich die Todesangst des jungen Soldaten: „»Ich weiß es jetzt ganz sicher, und du hast mir das letzte Gewisse gesagt, Stryj, das ist es. Dieser furchtbare Name Stryj. Was ist das für ein Wort? Stryj? Warum muß ich vor Stryj sterben? Warum hieß es erst zwischen Lehmberg und Czernowitz… dann Kolomea… dann Stanislau… dann Stryj. Du hast Stryj gesagt, und ich habe gleich gewußt, daß es das ist. Halt«, ruft er, sie ist zur Tür gesprungen und blickt ihn mit entsetzten Augen an. »Du mußt bei mir bleiben«, sagt er, »du mußt bei mir bleiben. Ich bin ein Mensch und ich kann es nicht allein ertragen. Bleib bei mir Olina.«" (Böll 1984, S. 92)
1948 verfasste Böll den Roman »Das Vermächtnis«. In diesem Werk schildert er das vergleichsweise ruhige Soldatenleben in der Normandie im Jahre 1943. Die Verhältnisse ändern sich radikal, als der Protagonist zusammen mit seinem Bataillon an die damals von der Roten Armee zurückgedrängte Ostfront versetzt wird. Der Vorgesetzte des Erzählers, ein gradliniger und sensibler Soldat, wird im Suff von seinem vorgesetzten Leutnant ermordet. Das Herannahen der Roten Armee wird als äußerst bedrohlich und traumatisch empfunden: „Jedes Geräusch der nahen Front verursachte nur Angst, da man es nicht einordnen konnte in irgendeine Erfahrung. So erschreckte mich immer wieder das plötzliche und helle

Bellen einer Pakkanone, die kurz hinter unserem Hause zu stehen schien; jedesmal glaubte ich wieder, russische Panzer stünden vor der Tür, und jedesmal erlebte ich Todesangst." (Böll 1984a, S. 128)

Ein Übermaß an Angst wiederum schränkt die Einfühlungsfähigkeit in andere Menschen bzw. in diesem Zusammenhang in Kinder ein. Einfühlsame und geduldige Erwachsene waren eher die Ausnahme. "Aber wo gab es sie in Kriegszeiten und in den Elendsjahren danach? Wer hatte noch die Aufmerksamkeit, die Nerven und vor allem die Zeit, um ein verstörtes Kind in den Schlaf zu streicheln? Wer nahm ihm die Angst vor bösen Träumen? Wer verstand die Wut von kleinen Mädchen und Jungen, weil ihre Welt entzweigegangen war, und reagierte mit Liebe statt mit Schlägen?" (Bode 2009, S. 43) Das gewalttätige Verhalten gegenüber Kindern und Jugendlichen, das hier erwähnt wird, dürfte auf unterschiedliche Faktoren zurückzuführen sein. Zum einen ist es Ausdruck eines autoritären Charakters, der Gewalt als legitimes Erziehungsmittel ansieht und zum anderen ist es höchstwahrscheinlich auf traumatische Erfahrungen der erziehenden Generation zurückzuführen, die hier möglicherweise eigene Traumata an der nachfolgenden Generation reinszeniert. Über entsprechendes Erziehungsverhalten schrieb Dührssen: „Oft finden sich außerdem rücksichtslose Härte und Grausamkeit der Strafen. Es wird mit dem Siebensträngigen geprügelt, in den finsteren Keller unter Androhung des schwarzen Mannes gesteckt, tagelanger Stubenarrest verhängt, Mittagessen und Abendbrot entzogen." (Dührssen 1992, S. 75f) Es verwundert wohl kaum, dass derartige Erziehungspraktiken noch wenige Jahre nach der militärischen Niederlage des Nationalsozialismus zu beobachten waren. Körperliche Strafen bzw. Misshandlungen waren allgemein verbreitet, nicht nur im privaten Raum der Familie sondern auch in der Schule. „Manche Lehrer schlugen noch mit dem Stock und wurden nur deshalb nicht gebremst, weil in vielen Elternhäusern nichts anderes geschah und Solidarität mit den eigenen Kindern ein Fremdwort war." (Bode 2014, S. 18f) Der Schriftsteller Heinrich Böll veröffentlichte 1954 einen Roman, in der er das Schicksal zweier Jungen schildert, die als Kriegshalbwaisen aufwachsen, da die Väter gefallen waren. Hier spiegeln sich auch gewaltförmige Erziehungspraktiken der damaligen Zeit: „Bei Jungen, die Väter hatten, war es anders. Die Väter waren nicht besorgt, sahen nicht krank aus, wenn die Jungen zu spät kamen; sie empfingen sie stumm, gaben ihnen Prügel, und die Jungen wurden ohne Essen ins Bett geschickt." (Böll 1954, S. 307) Das literarische Produkt des Dichters ist die Verarbeitung seiner Wahrnehmung der Wirklichkeit. Wie sah diese aus? Viele Kinder und Jugendliche hatten ihre Eltern und hier vor allem ihre Väter verloren. Im Zweiten Weltkrieg starben laut Militärhistoriker Rüdiger Overmans etwa 4,5 Millionen deutsche Soldaten (aus den Gebieten Deutschlands in den Grenzen von 1937) (Vgl. Overmanns 2009, S. 228).

In Folge von Flucht und Vertreibung fand eine wahre Völkerwanderung statt. 1947 befanden sich in den westlichen Besatzungszonen mehr als sechs Mio. Flüchtlinge, in der Sowjetischen Besatzungszone mehr als vier Millionen (Vgl. Steinert 1995, S. 561).

Tod, Flucht und Ehescheidung hatten unmittelbare Auswirkungen auf das familiäre Zusammenleben. „Noch 1950 lebten etwa 40 Prozent der westdeutschen Bevölkerung in unvollständigen Familien, und im gleichen Jahr wurden 9,5 Prozent der Kinder unehelich geboren." (v. Krockow 1990, S. 276) Kriegsbedingte Vaterlosigkeit wurde, so sieht es Heinrich Böll, als Erklärungs- und Entschuldigungsgrund für schulisches Versagen herangezogen: „[E]r wußte es. Andere Kinder hatten Väter: Geobschik zum Beispiel hatte einen großen blonden Vater, Weber hatte einen kleinen schwarzen Vater. Die Jungen, die Väter hatten, hatten es schwerer in der Schule als die, die keine hatten. Hatte Weber schlecht gelernt, wurde er schärfer angepackt als Brielach, wenn dieser schlecht gearbeitet hatte. Der Lehrer war alt, hatte graue Haare und hatte »einen Sohn im Krieg verloren«. Von den Jungen, die keine Väter hatten, hieß es: »er hat den Vater im Krieg verloren«; Schulräten wurde es zugeraunt, wenn ein Junge bei Visitationen versagte – und Lehrer sagten es von Jungen, die neu in die Klasse kamen: »er hat den Vater im Krieg verloren«." (Böll 1954, S. 143f) Dieser intuitiv erfasste Befund schulischen Versagens stimmt einerseits und andererseits stimmt er auch nicht. Vaterverlust hat nicht automatisch eine psychosoziale Deprivation zur Folge. Hier kommt es vor allem auch darauf an, in welchem Alter der Vaterverlust erfolgte, wie die Restfamilie darauf reagierte, über welche ökonomischen Ressourcen sie verfügte etc. „Scheidung und Trennung der Eltern wirken sich ungünstiger aus als der Tod des Vaters. Diese Gesamteinschätzung beruht auf dem Vergleich mit Kindern aus vollständigen Familien." (Petri 1999, S. 159) Gleichzeitig war die Ernährungslage und die Wohnungsnot in den ersten Nachkriegsjahren katastrophal: „Die Zuteilung von Lebensmitteln sank zeitweise – mit Schwankungen und Unterschieden von Zone zu Zone – auf kaum die Hälfte dessen, was für die einigermaßen ausreichende Ernährung notwendig gewesen wäre und Ende 1946 standen für vierzehn Millionen Haushalte nur acht Millionen Wohnungen zur Verfügung, viele davon so stark beschädigt, daß man sie in normalen Zeiten sofort gesperrt oder abgerissen hätte." (Vgl. v. Krockow 1990, S. 271f) Die Zerstörung der Städte, die Armut und das zumindest teilweise von Bedrückung geprägte Lebensgefühl hat Böll in einigen seiner frühen Werke eindrücklich geschildert (Vgl. Böll 1985 u. Böll 1983). Ein anderer literarischer Chronist dieser Zeit war Wolfgang Koeppen, der in seinem Roman »Tauben im Gras« die Zeit nach der Währungsreform aus der Perspektive einer Gruppe von Menschen beschreibt, die alle um's Überleben kämpfen (Vgl. Koeppen 1951). „Es war die Zeit, in der die neuen Reichen sich noch unsicher fühlten, in der die Schwarzmarktgewinner nach Anlagen suchten und die Sparer den Krieg bezahlten." (W. Koeppen)

Die Arbeitslosigkeit war zunächst erheblich und betrug 1950 etwa 1.580.000 Menschen (10,4%). Sie sank bis 1960 auf 235.000 Arbeitslose

(1,2%) (Vgl. v. Krockow 1990, S. 279). 1950 zählte man „4,1 Millionen ver-
sorgungsberechtigter Kriegsopfer, darunter 1,6 Millionen Schwer- und
Schwerstbeschädigte und etwa 1,2 Millionen Kriegerwitwen." (Engelmann 1986, S. 11) Diese Zahlen geben einen ersten Hinweis auf die Größe
der materiellen Not und des damit in Verbindung stehenden menschlichen Leids – soweit die deutsche Bevölkerung betroffen war. Der durch
Deutsche entfachte zweite Weltkrieg hatte nach Schätzungen ca. 65 Mio.
Kriegstote zur Folge, darunter allein 27 Mio. Bürger der Sowjetunion und
6 Mio. Bürger Polens. Der Holocaust brachte fünf bis sechs Mio. Menschen jüdischen Glaubens aus ganz Europa den Tod. Hinzu kamen Hun-
derttausende von in KZ ermordeten politischen Häftlingen, Homosexuellen, Sinti und Romas. Grausamste Menschenversuche wurden in den KZs
unternommen (Vgl. Mitscherlich/Mielke 1960). Die Beschreibung des
durch deutsche Soldaten, SS-Angehörige, Polizisten und Verwaltungsan-
gestellte in die Welt gebrachten Leiden lässt sich kaum angemessen in
Worte fassen.

Wie wurde mit dieser seelischen und materiellen Not, aber auch mit der
in Folge der Verbrechen auftauchende Vergeltungsangst und Schuld um-
gegangen? Hierzu einige Schlaglichter: Ende der 60er Jahre zogen die Mit-
scherlichs eine Art Bilanz über die Art des Umgangs mit dem Nationalsozialismus und den begangenen Verbrechen in den Anfangsjahren der
Bundesrepublik. Sie sprachen von der »Unfähigkeit zu trauern«. Stattdessen stürzte man sich geradezu besessen in die Arbeit des dringlichen Wie-
deraufbaus. „Der kollektiven Verleugnung der Vergangenheit ist es zuzuschreiben, daß wenig Anzeichen von Melancholie oder auch von Trauer
in der großen Masse der Bevölkerung zu bemerken waren. Einzig die Ver-
bissenheit, mit der sofort mit der Beseitigung der Ruinen begonnen
wurde und die zu einfach als Zeichen deutscher Tüchtigkeit ausgelegt
wird, zeigt einen manischen Einschlag." (Mitscherlich/Mitscherlich 1987,
S. 40) Für seine dokumentarischen und gesellschaftskritischen Schriften

bekam Mitscherlich noch Jahrzehnte später anonyme Briefe ins Haus gesandt, in denen ihm „der Vergasungstod angedroht wurde." (Mitscherlich 1984, S. 250)

Eine etwas andere Nuancierung ergab sich rund 40 Jahre später in Hinblick auf die unterbliebene Trauer angesichts des massenhaften Mordens durch Deutsche. "Vielleicht wäre es richtiger, nicht von der Fähigkeit oder Unfähigkeit zur Trauer zu sprechen, sondern von der Kraft dazu oder dem Mangel an ihr." (Schmidbauer 2009, S. 40) Ähnlich hatte Jahrzehnte zuvor schon der Publizist und Naziverfolgte Ralph Giordano über die in den Nationalsozialismus verstrickte Generation geurteilt: „Die Erfahrungen lehren, daß sie nicht die Kraft fand, gegenüber sich selbst und anderen, auch und erst recht gegenüber ihren Nächsten nicht, aufrichtig zu sein." (Giordano 1987, S. 16) So verwundert es nicht, dass relevante Teile der Naziideologie die Niederlage von 1945 überlebten und in die BRD hinübergerettet wurden." So haben sich, sozusagen naiv, weil unreflektiert, Teilstücke dieses Weltbildes völlig unbehelligt erhalten. Das folgenreichste dürfte der emotionelle Antikommunismus sein. Er ist die offizielle staatsbürgerliche Haltung, und in ihm haben sich ideologische Elemente des Nazismus mit denen des kapitalistischen Westens amalgamiert. So ist eine differenzierte Realitätsprüfung für alles, was mit dem Begriff »kommunistisch« bezeichnet werden kann, ausgeblieben." (Mitscherlich/Mitscherlich 1987, S. 42) Statt mit dem Nazi-Staat gab es nun eine bedingungs- und kritiklose Identifikation mit der Siegermacht USA. Oder anders ausgedrückt: Es gab „eine Flucht aus einer Hörigkeit in die nächste." (Richter 1988, S. 52) Und als politische Führungsfigur wurde mit Konrad Adenauer 1949 ein Mann zum Kanzler erkoren, der bereits im Kaiserreich politisch aktiv war und dessen autokratische Züge unübersehbar waren. Die libidinöse Bindung breiter Bevölkerungsschichten an eine Führungsfigur und die Bereitschaft zur kritiklosen Unterwerfung, wenige Jahre zuvor war dies ein bedeutender „Klebstoff" zwischen „Volk und Führer", fand hier seine psychodynamische Kontinuität (Vgl. Reich 1972, Fromm 1989).

Es ist bezeichnend, dass die deutsche Bundesregierung keine Einladung an deutsche Emigranten zur Rückkehr aussprach, aber sich gleichzeitig alle deutschen Parteien, mit Ausnahme der KPD, im Verbund mit den beiden Kirchen für die vor allem in Landsberg inhaftierten Kriegsverbrecher (Militärs, SS-Offiziere, Industrielle) bei dem Hohen Kommissar, John McCloy, einsetzten. Ein vergleichbares Engagement der Kirchen für die Verfolgten des Nazi-Regimes ist hingegen nicht bekannt. Die Rückkehr der Emigranten hätte versinnbildlicht, dass es eine Alternative zur Unterwerfung unter den Nationalsozialismus gegeben hätte. Vielleicht fürchtete man auch Anklagen und wollte etwaigen Schuldgefühlen begegnen, indem die Emigranten eben nicht zur Rückkehr aufgefordert wurden.

1954 veröffentlichte Koeppen seinen Roman »Tod in Rom« in dem ein ehemaliger Standartenführer und SS-General als militärischer Berater eines arabischen Landes auf Einkaufstour in Rom weilt. Der Wandel der politischen Großwetterlage wird auch hier beschrieben" ... aber die Zeit des Gehängtwerdens war ein für allemal vorbei, für sie wenigstens, die Amerikaner waren zur Vernunft gekommen, hatten nun den richtigen Blick für die deutschen Verhältnisse und die deutsche Brauchbarkeit, und Haßgefühle und Racheurteile waren schon lange nicht mehr klug und fein." (Koeppen 1969, S. 446) Und darüber hinaus ging es auch um die Alterssicherung des ehemaligen Kriegsverbrechers durch die neugegründete Bundesrepublik. Dies ist Thema zwischen dem ehemaligen SS-General Judejahn und seinem Schwager Pfaffrath, der als Oberbürgermeister einer westdeutschen Großstadt, bereits im westdeutschen Teilstaat angekommen ist. „Judejahn wollte nach der Souveränitätsverleihung in Deutschland erscheinen, und Pfaffrath nickte, dann habe er keine Gefahr mehr, keine deutsche Behörde würde ein Nürnberger Urteil vollstrecken, und kein deutsches Gericht würde Judejahn verdammen, und Judejahn sprach von neuer Kampfzeit und neuer Bewegung und von der Sammlung der Schar der getreuen, und Pfaffrath, der Korrekte, erinnerte daran, daß

Judejahn dann auch für geleistete Staatsdienste und erfüllten Generals-rang Pension fordern könne, ein Recht, das zu verfechten, ein möglicher Prozeß, der zu gewinnen sei, es gehe hier um Treu und Glauben und verbrieften Anspruch ans Vaterland, und der Staatsform, die man bekämpfen wollte, durfte sowieso nichts geschenkt werden." (Koeppen 1969, S. 586) Vielleicht tauchen beim Lesen dieses Romans nicht zufällig Assoziationen auf, die den SS-Hauptsturmführer Alois Brunner betreffen, der bis 1945 als rechte Hand Adolf Eichmanns an der Vernichtung der europäischen Juden beteiligt war. Er lebte bis 1954 in der Bundesrepublik und konnte dann mit Hilfe Reinhard Gehlens nach Syrien entkommen. Mit Hilfe eben jenes Reinhard Gehlen, der von 1942-1945 die militärische Spionage in der Sowjetunion unter dem Namen »Fremde Heere Ost« geleitet und sich dann im Frühjahr 1945 mit jeder Menge Geheimdienstmaterial in amerikanische Gefangenschaft begeben hatte. Ende 1946 begann Gehlen dann im Auftrag der Amerikaner in der amerikanischen Besatzungszone mit dem Aufbau eines Geheimdienstes mit deutschem Personal. Aus dieser »Organisation Gehlen« wurde 1956 der Bundesnachrichtendienst, dessen Präsident Gehlen bis 1968 war.

Während die Anhänger der Nazi-Diktatur massenhaft wieder in Amt und Würden kamen, ging es ihren Gegnern weiter an den Kragen. Schon 1950 forcierte die CDU-geführte Adenauer-Regierung die Wiederaufstellung deutscher Streitkräfte. Hierzu traf man sich zunächst in Geheimverhandlungen mit ehemaligen Generälen der Wehrmacht. Während die KPD, 1949 mit knapp 6% in den Bundestag gewählt, die Wiederbewaffnung konsequent ablehnte und dagegen mobilisierte, war die Haltung der SPD widersprüchlich bzw. zögerlich zustimmend. Das restaurative Klima in der frühen Bundesrepublik, geprägt durch eine konservative Regierung, der eine konservative Opposition in Gestalt der SPD zur Seite stand, hat der Schriftsteller Koeppen meisterhaft in seinem 1953 erschienen Roman »Das Treibhaus« eingefangen (Vgl. Koeppen 1969). Die zumindest ambivalente Haltung der SPD trug innenpolitisch zu einer Hatz auf Kommunisten bei. "Bereits am 19. September, zwei Tage nach dem Übergang der SPD-Führung vom kategorischen Nein zum bedingten Ja zur Wiederbewaffnung, erließ die Bundesregierung eine Verordnung, wonach Mitglieder der KPD und aller anderen kommunistischen oder als kommunistisch angesehenen Organisationen, darunter auch die »Vereinigung der Verfolgten des Naziregimes« (VVN), aus dem öffentlichen Dienst sofort zu entfernen waren." (Engelmann 1986, S. 60) Im Sommer 1951 verabschiedete der Bundestag mit den Stimmen der Regierungskoalition und der SPD das erste Strafrechtsänderungsgesetz und führte die sogenannte Staatsgefährdung ein. Dieses Gesetz war dann in den nächsten Jahren die gesetzliche Grundlage für die Verfolgung der Linken und hier vor allem auch der Jugend, deren männlicher Teil ja zukünftig wieder das Gros der Soldaten stellen sollte, nachdem seit dem Sommer 1956 die Wehrpflicht wiedereingeführt und zum 1.4.1957 die ersten jungen Männer des Jahrgangs 1937 eingezogen wurden." Nach Angaben des Bundesjustizministeriums wurden bis 1955 insgesamt 35 189 Ermittlungsverfahren wegen Staatsgefährdung allein gegen Jugendliche eingeleitet. 6.429 von ihnen kamen in Untersuchungshaft und wurden in 425 Strafprozessen zu insgesamt mehr als tausend Jahren Gefängnis verurteilt..." (Engelmann 1986, S. 61) Nach dem KPD-Verbot von 1956 wurde die politische Verfolgung der Linken intensiviert. „Gegen mindestens 125.000 Personen sind von 1951 bis 1968 staatsanwaltschaftliche Ermittlungsverfahren eingeleitet worden. Im gleichen Zeitraum wurden 6.000 bis 7.000 Personen wegen kommunistischer Betätigung verurteilt." (Fülberth 2012, S. 41) Das am 29.06.1956 verabschiedete „Bundesgesetz zur Entschädigung für Opfer der nationalsozialistischen Verfolgung" (Bundesentschädigungsgesetz, BEG) – es galt rückwirkend seit dem 01.10.1953 – sieht in § 6, Abs. 1 Satz 2 vor, dass Entschädigungen nicht an denjenigen gezahlt werden, der „nach dem 23. Mai 1949 die freiheitliche demokratische Grundordnung im Sinne des Grundgesetzes bekämpft hat..." Dieses Gesetz richtete sich damit in erster Linie gegen Nazi-Verfolgte unter den etwa 78.000 bis

85.000 Mitgliedern der am 17.08.1956 durch das Bundesverfassungsgericht verbotenen KPD. Dieses Verbot war bereits am 23.11.1951 von der Adenauer-Regierung beantragt worden. Zum einen reflektiert dieses Urteil einen für die Zeit typischen Mangel an Empathie für die Opfer und Gegner des Nationalsozialismus, zumal wenn sie Juden oder Kommunisten waren und zum anderen war der Antrag der Regierung und auch das Urteil Ausdruck interessengeleiteter Politik, die bei der Sicherung der kapitalistischen Besitz- und Produktionsverhältnisse Befürworter einer Sozialisierung von Schlüsselindustrien einschüchtern bzw. politisch kalt stellen wollte. Anfang der 50er Jahre waren dann auch die Profiteure der nationalsozialistischen Politik aus der Welt des Kapitals und der Finanzen wieder fest im Sattel, nachdem sie zwischen 1945 und 1952 einen vorübergehenden Rückzug antreten mussten. Diese Entwicklung bestätigte einmal mehr eine alte politökonomische Erkenntnis: „Sowohl die politische wie die bürgerliche Gesetzgebung proklamieren, protokollieren nur das Wollen der ökonomischen Verhältnisse." (Vgl. Marx 1980, S. 109)

In diese Phase der politischen Restauration passt auch der Umgang mit den ehemaligen Anhängern und Tätern des Nationalsozialismus in der Entnazifizierungsperiode von 1946 bis 1952. Die Entnazifizierung sah die Einstufung der erwachsenen Bevölkerung in fünf Kategorien vor: Hauptschuldige (= Kriegsverbrecher), Belastete, Minderbelastete, Mitläufer und Entlastete. Die Anklage wurde vor sogenannten Spruchkammern erhoben, die zumeist mit Laienrichtern besetzt waren. Die Spruchkammern und die zweite Instanz, die Berufungskammern konnten differenzierte Sühnemaßnahmen treffen: Gefängnisstrafen bis zu zehn Jahren, Einziehung des Vermögens, Verlust des Amtes, des Berufes oder der Pension, Geldbußen und Aberkennung des Wahlrechts. Und wie ging das ganze Unternehmen aus? Bis 1949/50 sah die Entnazifizierungsstatistik der Spruchkammern bei 3.660.648 Fällen in den Westzonen wie folgt aus (Vgl. Vollnhals 1991, S. 333):

Hauptschuldige	0,45%
Belastete	0,63%
Minderbelastete	4,11%
Mitläufer	27,5%
Entlastete	33,1%
Jugendamnestie	4,4%
Verfahrenseinstellung	30,1%
Gesamt	**100,29%***

* Durch Rundungen liegt das Gesamtergebnis etwas höher als 100 Prozent.

Was ursprünglich von den Alliierten in guter Absicht begonnen wurde, erwies sich weitestgehend als Fiasko. „Die Entnazifizierung produzierte die scham- und hemmungsloseste Massenlüge, die es je in der deutschen Geschichte gegeben hat, aufgesplittert in lauter einzelne Schwindler, kecke oder auch gewissensbelastete, die später, als sie ihre Fragebogen – und anderen Unwahrheiten risikolos gestehen konnten, auf Notwehr plädierten." (Giordano 1987, S. 89)

Gleichzeitig verabschiedete der Bundestag 1951 nahezu einstimmig, gegen die Stimmen der KPD, das sogenannte „131er Gesetz". Dieses Gesetz bezog sich auf den Artikel 131 Grundgesetz und bestimmte, dass alle Angehörigen des öffentlichen Dienstes, die 1945 aufgrund von Flucht und Vertreibung oder durch Entfernung von ihren Posten durch die Alliierten wieder einzustellen wären, sofern sie nicht als Hauptschuldige oder Belastete im Entnazifizierungsverfahren anzusehen seien." Anstatt nur die zahlreichen Härtefälle zu beseitigen, wie es ursprünglich beabsichtigt gewesen war, erhielten praktisch alle als belastete Nazis entlassenen Beamten und Angestellten des öffentlichen Dienstes ihre vollen Versorgungsbezüge zurück, insgesamt mehr als 150.000. Zwar hieß es in dem Gesetz, daß jene, die durch ein Entnazifizierungsverfahren als für den öffentlichen Dienst untragbar erklärt worden waren, keinen Anspruch auf Wiederverwendung erhalten sollten, aber in der Praxis sah es dann ganz anders aus: ehemalige Gestapo-Kommissare, hohe SA- und SS-Führer, Mitarbeiter des einstigen Reichssicherheitsamtes, Ghetto-Verwalter, Staatsanwälte der Sondergerichte und sonstige an den scheußlichsten Verbrechen Beteiligte kehrten nun als Beamte auf Lebenszeit oder gar als unabsetzbare Richter in den öffentlichen Dienst der Bundesrepublik zurück." (Engelmann 1986, S. 63f) Es waren dann später ehemalige Nazi-Richter und Ex-NS-Psychiater, die Schadenersatzansprüche von Überlebenden des Holocaust und der NS-Diktatur mit kruden biologistischen Argumenten ablehnten. Diese Praxis regte den emigrierten Psychoanalytiker Kurt Eissler, der als Gutachter für ehemalige KZ-Insassen tätig war, zu der Frage an: „Die Ermordung von wievielen seiner Kinder muss ein Mensch symptomfrei ertragen können, um eine normale Konstitution zu haben?" (Eissler 1963, S. 241) Wurden Kommunisten nach 1949 wegen politischer Delikte verurteilt, so wurde zur Begründung einer Strafverschärfung häufig darauf verwiesen, dass sie schon in der Nazizeit im Zuchthaus oder KZ gesessen hätten und immer noch überzeugte Linke wären (Vgl. VVN-BdA-Lüneburg 2017, S. 11).

Richter, die Ende der 30er Jahre jüdische Mitbürger wegen »Rassenschande« verurteilten, wie der Richter am Hamburger Landgericht Edmund de Chapeaurouge, fanden sich Mitte der 70er Jahre am Bundesverwaltungsgericht wieder und erließen Berufsverbote gegen Kommunisten (Vgl. Hannover/Wallraff 1984, S. 12). Andere Juristen wechselten nahtlos vom Volksgerichtshof, wo sie z. B. Todesurteile wegen Fahrraddiebstahls fällten, zum Bundesgerichtshof. Zur Rechenschaft gezogen wurde niemand von ihnen.

Unbestritten, aber ebenso erstaunlich ist, dass die Bundesrepublik trotz personeller Kontinuitäten aus dem braunen Sumpf der NS-Zeit und der Nachkriegsjahre herausgewachsen ist. Allerdings dauerte dies Jahrzehnte. Nach 1945 fand eine massive Re-Nazifizierung statt. „Schon 1949 waren mehr als 80 Prozent der Richter, die der NSDAP angehört hatten, wieder im Amt." (VVN-BdA 2015, S. 68) Es waren nicht einfache Parteimitglieder. Es waren Richter, die reihenweise Todesurteile fällten, die z. T. selbst nach Nazi-Recht nicht vorgesehen waren. Wurde doch etwas ruchbar, so konnten sich insbesondere die NS-Schergen in Lüneburg sicher sein, dass sie im niedersächsischen Ministerium der Justiz nahezu unbeschränkten Rückhalt fanden. So war es möglich, dass die Täter der Nazi-Zeit, die damals Linke verfolgten, diese Arbeit ab 1946 nahezu nahtlos wiederaufnehmen konnten (Vgl. VVN-BdA Lüneburg 2017). Ein markantes Beispiel ist der Lüneburger Staatsanwalt Karl-Heinz Ottersbach. Er war in den Jahren 1941 und 1942 am Sondergericht Kattowitz im besetzten Polen tätig. Er beantragte z. B. Todesstrafen für Menschen, die an illegalen Schlachtungen beteiligt waren oder Brot ohne Bezugsmarken an hungernde Landsleute in Polen verkauft hatten. Einen freigesprochen Polen, für den er wegen Waffenbesitz gleichfalls die Todesstrafe beantragt hatte, ließ er an die Gestapo überstellen, was den sicheren Tod bedeutete (Vgl. v. Miquel 2017, S. 195). Ab 1952 war Ottersbach in Lüneburg als Staatsanwalt am Landgericht für politische Strafsachen tätig. Die Aktivitäten dieser ehemaligen NS-Juristen wirken einerseits geradezu paranoid, wenn es darum geht, kritische Geister zu verfolgen. Anderseits ist auch klar, dass diese Seilschaften der ehemaligen NS-Juristen durch ein eigenes Interesse begründet waren. Für diese ging es um den Beamtenstatus mit hohem Gehalt und ansehnlicher Pension. Um diese Einkünfte weiterhin sicherzustellen, mussten alle Vorwürfe bis zum Justizmord geleugnet bzw. bagatellisiert werden, um den ehemaligen Opfern keine Angriffsfläche zu bieten. 1961 klagte Ottersbach z. B. die 53-jährige Hausfrau Elfriede Kautz als Rädelsführerin einer verfassungsfeindlichen Organisation an, die sieben Jahre lang Erholungsreisen für Kinder in die DDR organisiert hatte. Dafür musste sie eine Gefängnisstrafe von einem Jahr verbüßen. Als die Sache mit den hingerichteten Brotverkäufern durch belastende Dokumente aus der DDR ruchbar wird, bittet der Generalstaatsanwalt Biermann den Lüneburger Oberstaatsanwalt Bollmann um eine Stellungnahme. Dieser ist selbst ein Ex-Nazi und lehnt Ermittlungen gegen seinen Kollegen Ottersbach ab. Ottersbach wird zunächst aus der Schusslinie genommen und an eine einfache Strafkammer versetzt. Als immer wieder Justizmorde angezeigt werden, werden diese Verfahren zwar eingestellt, aber Ottersbach wird 1965 vom niedersächsischen Justizminister von Nottbeck mit vollen Bezügen in den vorzeitigen Ruhestand geschickt. Zufälligerweise war auch von Nottbeck in den 30er und 40er Jahren ein eifriger Anhänger des Nationalsozialismus. Vor allem in den 60er und 70er Jahren gehen die NS-Juristen reihenweise in Pension, in der Regel mit einem Dankesschreiben des Ministerpräsidenten. Diese »biologische Lösung« macht es möglich, dass 2015 der ehemalige SS-Mann in Auschwitz, der jetzt 93-jährige Oskar Gröning, wegen Beihilfe zum Mord in mindestens 300.000 Fällen zu vier Jahren Gefängnis verurteilt wurde (Vgl. Huth 2015). Der vorsitzende Richter ist Ende der 1960er Jahre geboren. Mord verjährt nicht, deshalb musste angeklagt werden. Allerdings erhält das Verfahren gegen einen Greis einen bitteren Beigeschmack, denn zuvor waren Ermittlungsverfahren gegen Gröning 1985 und 2005 eingestellt worden. Nun wird anders gewichtet. Es muss nicht mehr die konkrete Tötung eines Menschen nachgewiesen werden, sondern die Beteiligung an einer Tötungsmaschinerie ohne individuelle Tat ist strafwürdig. Dieser Rechtsauslegung hatte man sich solange verweigert, wie ehemalige Nazis die Rechtsprechung in Deutschland beherrschten. Nun tritt eine Wandlung ein. Worin könnte neben der Bestrafung der Wert des Verfahrens liegen? Zum einen wird einmal mehr das entsetzliche Leiden des Holocaust thematisiert. Dies kann dem allgemeinen Vergessen entgegenarbeiten. Zum anderen fragt sich vielleicht jeder Zeitgenosse: »Was tue ich in der derzeit herrschenden Demokratie gegen Missstände und Ungerechtigkeiten? Bis zu welchem Ausmaß wäre ich in einer Diktatur zum Widerstand bereit? Würde ich mein Leben einsetzen? « Die Wahrscheinlichkeit steigt, dass sich der eine oder andere Bürger in Deutschland (und Österreich) diese Fragen stellt, denn im November 2018 wurde bekannt, dass die Berliner Staatsanwaltschaft einen 95-jährigen ehemaligen Wachmann im KZ Mauthausen wegen Beihilfe zum Mord in über 36.000 Fällen anklagen wird. Über die Eröffnung des Verfahrens wurde noch nicht entschieden (Vgl. T-Online vom 23.11.2018).

Mittlerweile sitzen Neo-Nazis und Rassisten unter dem Parteinamen »Alternative für Deutschland« in nahezu allen deutschen Parlamenten. Und wie sieht es in staatlichen Institutionen aus? Auch dort gibt es immer noch oder wieder Wasserträger des Faschismus. In Sachsen wird im Sommer 2018 offenbar, dass ein in den Medien auftretender Demonstrant bei Pegida-Demos Mitarbeiter des sächsischen Verfassungsschutzes ist. Im November 2018 geht die Meldung durch die Presse, dass die Verteidigungsministerin, von der Leyen, sich entgegen einem Gerichtsbeschluss weigert die Akte des NSU-Terroristen Uwe Mundlos freizugeben. Mundlos leistete 1994/95 in Thüringen Wehrdienst. Er war als Neonazi bekannt, nahm an Hess-Gedenkveranstaltungen teil und erhielt einen Strafbefehl nach §86 StGB (Verbreiten von Propagandamitteln verfassungswidriger Organisationen). Wurde der MAD aktiv, wurde Mundlos entlassen? Ja und nein: Der MAD wurde aktiv und Mundlos befördert (Vgl. Welt Online vom 14.11.2018).

In deutschen Kasernen hingen bis vor kurzem noch Nazi-Devotionalien der Deutschen Wehrmacht an der Wand. Das war sicher reiner Zufall oder Unachtsamkeit. Von dem Fortdauern eines verbrecherischen Geistes kann natürlich nicht die Rede sein.

Anfang Dezember 2018 wird bekannt, dass 467 Rechtsextremisten in Deutschland per Haftbefehl gesucht werden (Vgl. Spiegel Online vom 04.12.2018). Die Haftbefehle können allerdings nicht vollstreckt werden, da die Nazis abgetaucht sind. Wie groß muss da die Unterstützerszene sein, die ein Leben in der Illegalität ermöglicht? Wird wirklich nennenswert nach diesen politischen Straftätern gefahndet oder kümmert man sich nach wie vor doch lieber um linke Politaktivisten, die offen auftreten und damit auch leichter überwachbar sind?

In Hessen werden NSU-Akten des Verfassungsschutzes für die nächsten 120 Jahre unter Verschluss gehalten (Vgl. Wienand 16.07.2018). Zuvor waren schon reihenweise Akten nicht mehr auffindbar. Warum? Es liegt die Vermutung nahe, dass der Verfassungsschutz in die Morde der NSU-Terroristen mit verwickelt war. Mitarbeiter des Amtes erhielten schon vor Jahren gegenüber dem NSU-Untersuchungsausschuss vom damaligen Innenminister Bouffier keine Aussagegenehmigung.

In Göttingen wird gleichfalls im Herbst 2018 durch eine Panne deutlich, dass der niedersächsische Verfassungsschutz linke Studenten bespitzelt. Aber nicht dieser Tatbestand ruft bei der sozialdemokratisch geführten Landesregierung Ärger hervor. Man bedauert, dass die Observation bekannt wurde und die Verfassungsschutzpräsidentin ihren Hut nehmen muss. In den 70er Jahren sprengte derselbe Dienst noch Löcher in Gefängnisse, um sie der Rote-Armee-Fraktion zuzuschreiben. Diese kleine Liste faschistoider Tendenzen in Armee und Geheimdienst lässt sich ohne weiteres fortsetzen. So wird im Dezember 2018 öffentlich, dass es offenbar in der hessischen Polizei rechtsextreme Zellen gibt (Vgl. Spiegel Online vom 18.12.2018). Wie sieht es aber mit der alltäglichen bzw. im Namen der Erziehung ausgeübten Gewalt aus? Manche Autoren listen noch viele weitere Argumente auf, die dafürsprechen, dass wir in einer traumatisierten Gesellschaft leben (Vgl. Ruppert 2018).

Wie tief verwurzelt gewalttätige Erziehungspraktiken im Bewusstsein der deutschen Bevölkerung waren bzw. sind, lässt sich auch daran ablesen, dass erst im Jahre 2000 derartige Strafen geächtet wurden. Seitdem heißt es in § 1631 Satz 2 BGB: „Kinder haben ein Recht auf gewaltfreie Erziehung. Körperliche Bestrafungen, seelische Verletzungen und andere entwürdigende Maßnahmen sind unzulässig." Aber greift hier in der Praxis auch der §223 StGB (Körperverletzung)? Warum eigentlich nicht? Wenn ich meinen Nachbarn oder meine Frau schlage, ist es Körperverletzung. Wenn ich mein Kind prügele, passiert vielfach defacto nichts. Es ist lediglich »unzulässig«. Allerdings bedeutet diese juristische Festschreibung der Unzulässigkeit von entwürdigenden Strafen noch lange nicht, dass sie in der Bevölkerung uneingeschränkt geteilt wird. Aber es deutet sich ein unübersehbarer Trend ab. „Eltern und Jugendliche halten ebenfalls immer seltener Gewalt in der Erziehung für erlaubt. 1996 waren Eltern entsprechend der damaligen Rechtslage zu über 80% von der Zulässigkeit leichter Körperstrafen wie Ohrfeigen überzeugt. 2005 sind es weniger als die Hälfte (47,9%). Insbesondere eine Tracht Prügel und das Schlagen mit Gegenständen hält kaum noch jemand für rechtlich zulässig." (Bussmann 2005, S. 6)

Die Begründung für Misshandlungen hat sich in den letzten Jahrzehnten verändert. „Über zwei Drittel der Eltern führen deshalb Körperstrafen heute auf Hilflosigkeit und Stress im Erziehungsalltag zurück. Weniger als 20% der heutigen Eltern rechtfertigen körperliche Bestrafungen noch mit erzieherischen Gründen." (Bussmann 2005, S. 8) Hier ist allerdings zu berücksichtigen, dass der Verzicht auf körperliche Strafen als als gesellschaftlich bedeutsames Erziehungsideal anzusehen ist. Das leidige Problem mit Idealen ist aber bekanntermaßen, dass die Umsetzung in die Realität dem Ideal deutlich hinterherhinkt. So verwundert es denn nicht, dass körperliche Strafen auch im 21. Jahrhundert noch nicht verschwunden sind, wenn gleich sie sicher deutlich abgenommen haben. „Diese Ergebnisse bedeuten, dass von den derzeit in Deutschland 12,2 Millionen lebenden Kindern und Jugendlichen (unter 18 Jahre) zwei bis drei Millionen mindestens einmal in ihrem Leben eine körperliche Misshandlung durch ihre Eltern erfahren haben. Dabei ist zu berücksichtigen, dass sich Kinder und Jugendliche an derartige im Alter bis zu drei Jahren erlittene Übergriffe nicht erinnern können und Misshandlungen nach anderen Untersuchungen in diesem frühen Alter häufiger sind. Die Misshandlungsquote dürfte somit noch unterschätzt sein." (Bussmann 2005, S. 15)

Unserer Erfahrung nach haben rund 90% der Teilnehmer am Anti-Gewalt-Training, die ihre Partnerinnen bedrohen oder tätlich angegriffen haben, als Kind selbst Gewalt in ihrer Herkunftsfamilie erfahren. Nun ist Gewalt nicht gleich Gewalt. Sicher besteht ein Unterschied in der Auswirkung, ob ich von einem geliebten Elternteil eine Ohrfeige bekomme und ob ich mittels Stock oder Gürtel grün und blau geschlagen werde oder gar Rippenbrüche zu erleiden habe. Somit kann man sicher sagen, dass nicht jede elterliche Gewalthandlung traumatische Auswirkungen haben muss. Zudem ist zu bedenken, dass nicht allein die erlittene Gewalttat unausweichlich zum Trauma führt. Hier scheint auch wesentlich zu sein, ob dem misshandelten Kind durch den anderen Elternteil oder einen anderen Erwachsenen Tröstung und Schutz zuteilwird (Vgl. Rothschild 2017, S.24). Erst die Kombination von Gewalt und anschließendem Alleingelassenwerden scheint zum Trauma zu führen.

Zum Abschluss der Fall einer äußerst schweren, mehrfachen Traumatisierung:

> Herr A. ist zu Beginn des Anti-Gewalt-Trainings 39 Jahre alt. Die Ausführungen zu diesem Fall beruhen auf seinen Angaben. Er sagt im Aufnahme- und Motivationsgespräch, dass er mittels eines Anti-Gewalt-Trainings an sich arbeiten wolle, da er in Streitsituationen für seine Partnerin bedrohlich sei. Er sei bis zu seinem siebten Lebensjahr von dem alkoholabhängigen Stiefvater sexuell missbraucht worden. Als er zwölf Jahre alt war, wurde seine Mutter ermordet. Er verbrachte noch eine Nacht neben der toten Mutter. Trotz dieser schwierigen Ausgangsbedingungen absolvierte Herr A. eine Ausbildung zum Groß- und Außenhandelskaufmann. Seit 2006 hat er ca. zehn Jahre in Haft gesessen. Zuletzt war er von 2009-2012 aufgrund von §64 StGB in der Forensik untergebracht, da er seine damalige Partnerin unter Kokain- und Alkoholeinfluss schwer

misshandelt hatte. In den letzten zwei Jahren betrieb er offiziell einen KFZ-Handel, inoffiziell war er als Geschäftsführer eines Bordells tätig. Herr A. ist ein Anhänger der S-M-Szene. Er berichtete davon, dass er vier ernsthafte Suizidversuche unternommen hätte, zuletzt 2005, als er versuchte, sich mittels einer Überdosis Heroin zu töten, aber durch den Einsatz eines Obdachlosen gerettet wurde. Als Erwachsener erlebte er den Tod seines Sohnes und seiner damaligen Partnerin. Herr A. hat seit 2006 zwei freiwillige und drei Therapien nach §35 BtMG absolviert. Bevor er die Drobs Lüneburg aufsuchte, war er im Sommer 2018 mehrere Wochen wegen Burnout im Psychiatrischen Klinikum untergebracht. Zuvor hatte er Rückfälle in den Opiatkonsum. Danach begann er wieder mit dem Kiffen und wurde mit Kokain rückfällig. Er ließ sich daraufhin ins Substitutionsprogramm aufnehmen und strebt aktuell eine erneute, stationäre Traumatherapie an. Im Frühjahr 2018 war er in eine Schießerei verwickelt, ohne angeblich selbst geschossen zu haben. Er sagt, er wisse, wer geschossen habe, wolle aber aus Loyalität dichthalten. In seiner Zweierbeziehung reinszeniert er ein Abhängigkeitsverhältnis. Seine Partnerin habe ihm im Streit gedroht, sie würde dem Gericht mitteilen, dass er geschossen hätte. So führt er eine Beziehung zu der Frau und fühlt sich gleichzeitig völlig ausgeliefert, glaubt nicht, dass er aus ihr aussteigen kann, ohne erneut eine mehrjährige Haftstrafe zu riskieren. Da er noch unter Führungsaufsicht steht, befürchtet er zurecht als Folge der noch ausstehenden Gerichtsverhandlung eine erneute Inhaftierung. Herr A. ist sichtlich bemüht an sich zu arbeiten und beteiligt sich intensiv an dem Training. Gleichzeitig ist es für ihn immer wieder schmerzvoll zu erkennen, wie ihn seine leidvolle Biografie in seiner Persönlichkeitsentwicklung eingeschränkt hat und ihn aktuell darin hindert eine befriedigende Partnerschaft einzugehen.

3. Psychoanalytisches Erklärungsmodell für häusliche Gewalt

Die Ausgangssituation scheint an Absurdität kaum zu überbieten zu sein: Da bedroht oder schlägt ein Mann seine Partnerin, die ihn zu verlassen droht. Gerade dieses Verhalten wird sie über kurz oder lang zur Trennung veranlassen, und er glaubt, den Menschen, den er vorgeblich doch liebt, durch Gewalt halten zu können. Oftmals ist der Anlass eher nichtig, die Trennung steht noch nicht im Raum, aber die gewalttätige Reaktion scheint in keinem spontan verständlichen Verhältnis zum Auslöser zu stehen. Von Rationalität kann hier offensichtlich nicht die Rede sein, denn einen Menschen, den ich liebe, werde ich demzufolge kaum bedrohen oder misshandeln. Eine freundliche und liebevolle Handlungsweise wäre angemessen, rational und verständlich. Nur, im Falle häuslicher Gewalt wird sie nicht umgesetzt. Wie ist das alles zu erklären? Ausgewählte psychoanalytische Erklärungsmuster können hier hilfreich sein und beim Verständnis häuslicher Gewalt weiterführen. Wenn ich unterstelle, dass der gewalttätige Mann ähnlich wie ein Säugling handelt, der bei Missachtung oder Nichtbefriedigung seiner Bedürfnisse wütend wird und schreit, um sein Gegenüber bzw. die versorgende Person mit mütterlicher Funktion herbeizurufen und ihr zu signalisieren, was er braucht, wird dieses sonst unverständliche Verhalten schon eher einfühlbar. Narzisstisch gestörte Männer bedrohen oder schlagen ihre Partnerin, weil sie sie nicht verlieren möchten. Darauf muss man erst einmal kommen. Letztlich trifft hier die Freud'sche Feststellung zu, dass man das, woran man sich nicht erinnert, wiederholt bzw. agiert, ohne dafür ein Bewusstsein zu haben (Vgl. Freud 1914, S. 126ff). Kompliziert wird die Angelegenheit allemal, wenn der agierte Affekt aus vorsprachlichen Jahren stammt, somit nicht als Erinnerung abrufbar ist und lediglich als atmosphärische Stimmung bzw. als Affekt spürbar ist bzw. über die Gegenübertragung des Therapeuten erschlossen werden kann.

In Deutschland kam es in den 1970er und 1980er Jahren zur Rezeption der Weiterentwicklung der Psychoanalyse, des Narzissmus-Konzeptes, die u. a. ganz wesentlich von den Arbeiten des 1938 aus Österreich emigrierten Heinz Kohut ausging. Kohut hat damit wieder einen Strang der Psychoanalyse aufgenommen, den Freud zugunsten der Triebpsychologie nach dem Ersten Weltkrieg nicht intensiver weiterverfolgt hatte. Zuvor hob er einen Tatbestand einmal hervor, den vermutlich jeder Mensch bestätigen kann, wenn ihm denn die Zusammenhänge bewusst sind: „...und daß im Liebesleben das Nichtgeliebtwerden das Selbstgefühl erniedrigt, das Geliebtwerden dasselbe erhöht." (Freud 1914, S. 165) In einer späteren Schrift verwies Freud darauf, dass die idealisierende Identifikation mit einer Führungsfigur, wie sie Bestandteil des Aufbaues von Kirche und Militär ist, das Selbstwertgefühl stabilisiert (Vgl. Freud 1920). Kohut ging davon aus, „daß die Essenz der Störung, an der diese Patienten litten, innerhalb des Rahmens der klassischen Psychologie von Trieb und Abwehr nicht angemessen erklärt werden konnte." (Kohut/Wolf 1983, S. 97) Selbstwertstörungen haben eine große Breite, die von narzisstischen Verhaltensstörungen über narzisstische Persönlichkeitsstörungen bis hin zu Borderlinestörungen reichen. Ihnen allen ist ein ungewöhnlich labiles Selbstwertgefühl gemein, und sie reagieren sehr empfindlich auf Fehlschläge, Enttäuschungen oder Kränkungen.

Obgleich die Ausarbeitung des Narzissmus-Konzeptes und die Behandlung entsprechender Störungen in der Wissenschaft eine fruchtbare Neuerung darstellte, ist das Phänomen der Selbstwertstörung und daraus resultierender Wutgefühle uralt. Die Autoren der Bibel beschreiben im Vorfeld der Tötung von Abel durch Kain die Rolle von Beachtung bzw. Nichtbeachtung bei der Entstehung einer letztlich tödlichen Wut. „Es begab sich aber nach etlichen Tagen, daß Kain dem Herrn Opfer brachte von den Früchten des Feldes; und Abel brachte auch von den Erstlingen seiner Herde und von ihren Fellen. Und der Herr sahe gnädiglich an Abel und sein Opfer; aber Kain und sein Opfer sahe er nicht gnädiglich an. Da ergrimmte Kain sehr und seine Gebärden verstellten sich." (1. Buch Mose, 4. Kapitel, Abs. 3-5) Versteht man die hier zum Ausdruck kommende Gestalt Gottes als „Bedürfnis nach Schutz gegen die Folgen der menschlichen Ohnmacht" (Freud 1927, S. 346), so wird klar, dass Nichtbeachtung oder fehlende Anerkennung durch frühe Bezugspersonen zu intensiven Wutgefühlen führen kann. Ähnliches beschrieb der Dichter, Heinrich v. Kleist, in seiner Novelle »Michael Kohlhaas«. Zur Erinnerung: Dem Pferdehändler Kohlhaas werden von einem lokalen Adeligen widerrechtlich zwei Pferde als Zollgebühr vorenthalten, woraufhin er sich an seinen Landesherrn wendet, aber dort mit seinem Anliegen abgewiesen wird. Als dann noch seine Frau, sein letzter ihn in der Realität haltender Anker stirbt, kocht eine unbändige Wut hoch und Kohlhaas zieht brandschatzend und tötend durch das Land, bis hin zur Selbstvernichtung (Vgl. v. Kleist 1975).

Da im Weiteren häufiger vom Selbst, vom Selbstwertgefühl oder auch Selbstbewusstsein die Rede ist, scheint es angebracht, vorab zu definieren, was der führende Vertreter der Selbstpsychologie, Heinz Kohut, unter Selbst versteht. Ausgangspunkt ist für ihn der Mensch mit seinem Körper, dessen Grenzen und Funktionen und seinen bewusstseinsnahen Prozessen wie Denken und Fühlen, die als zusammengehörig erlebt werden. „Die zeitliche und räumliche Kontinuität von etwas, das wir *ich* nennen und das die anderen als solches erkennen, formen also zusammen das Selbst." (Kohut 1993, S. 31) Die Selbstpsychologie negiert keinesfalls die Triebtheorie, setzt allerdings einen anderen Schwerpunkt, indem sie auf die Interaktionsprozesse zwischen den Menschen und deren Auswirkungen auf die Wahrnehmung der eigenen Person abhebt. Damit ist auch klar, dass die Konstituierung des Selbst nicht nur auf den frühkindlich erfahrenen Interaktionsprozessen beruht, sondern gleichsam ein lebenslanger Austauschprozess des Menschen mit seinen für ihn relevanten Bezugspersonen ist.

Die Selbstpsychologie betont die Notwendigkeit der vorübergehenden Idealisierung der frühen Bezugspersonen durch das kleine Kind. In der Regel sind das die Eltern. Durch die Idealisierung der als allmächtig phantasierten Bezugspersonen hat das kleine Kind an deren vermeintlicher Großartigkeit teil und wird somit indirekt für die eigene Unvollkommenheit und altersbedingte Unterlegenheit entschädigt. „Unter optimalen Bedingungen erfährt das Kind eine schrittweise Enttäuschung durch das idealisierte Objekt – oder, anders ausgedrückt; die Beurteilung des idealisierten Objektes durch das Kind wird zunehmend realistisch – was dann zu einer Rücknahme der narzißtischen Besetzungen von der Imago des idealisierten Selbst-Objektes und ihrer schrittweisen (oder in der Ödipalphase massiven, aber phasenentsprechenden) Verinnerlichung führt, d. h., zum Erwerb dauerhafter psychischer Strukturen, die intrapsychisch die Aufgaben übernehmen, die das idealisierte Selbst-Objekt vorher erfüllt hatte." (Kohut 1983, S. 65) Dieser sich grundsätzlich über Jahre hinziehender Prozess ist nun auch störanfällig. „Traumatische Entbehrungen und Objektverluste bis einschließlich zur Ödipalphase (und in geringerem Grade während der gesamten Latenz und Adoleszenz) und traumatische Enttäuschungen durch die Objekte können jedoch die grundlegende Strukturierung des psychischen Apparates selbst ernsthaft beeinträchtigen." (Kohut 1983, S. 64) Die traumainduzierte Störung der Idealisierung hinterlässt ein Loch in der Persönlichkeit. „Wer jedoch ein idealisiertes Elternteil so plötzlich verloren hat, daß er sie nicht mehr in seine Ideale integrieren konnte, wird ständig auf der Suche nach jemandem sein, den er idealisieren kann. Er scheint nach Objekten zu hungern. Doch das ist es nicht, er will eine Leere füllen und sucht nach etwas, das ihm fehlt." (Kohut 1993, S. 52) Dieser Mangel kann zur Sucht führen. Die Sucht kann sich im Konsum einer Substanz zeigen und firmiert dann zum Beispiel unter dem Namen Alkohol- oder Cannabisabhängigkeit. Sie kann sich aber auch in einer Abhängigkeit von einer Beziehung zeigen. Beiden Suchtobjekten, der Substanz wie der menschlichen Beziehung, kommt eine besondere

Bedeutung zu. „Das Suchtobjekt wird nämlich für eine wichtige psychologische Funktion gebraucht, die man normalerweise selbst übernommen hat; in diesem Falle die Funktion, sich selbst zu beruhigen und das Selbstwertgefühl zu erhalten, …" (Kohut 1993, S. 137) Nicht umsonst werden viele Abhängige extrem unruhig, wenn der Alkoholnachschub ausbleibt und sich ein Entzug ankündigt. Viele Menschen wiederum reagieren mit Unruhe, gar Wut, wenn der für das Selbstwertgefühl so wichtige Mensch sich zu entziehen droht.

Doch noch einmal zurück zur (früh-)kindlichen Ausgangssituation. Mit dieser Traumatisierung geht gleichzeitig ein Mangel an Spiegelung einher. Das Kind bekommt für sich und seine Entwicklungsfortschritte keine oder ungenügende Anerkennung. Diese wird entweder verbal nicht ausgesprochen und/oder ist nicht der Stimmlage oder der Mimik des Elternteils zu entnehmen. Die kindliche Anfrage nach elterlicher Resonanz bleibt weitestgehend unbeantwortet oder fällt komplett aus. Wie sieht nun diese Beeinträchtigung aus? In der Sprache der Selbstpsychologie würde man sagen, dass das Kind diesen Entwicklungsprozess der Entidealisierung nicht oder nur sehr unzureichend vollziehen kann und die nahen Bezugspersonen auch weiterhin die Funktion als Selbst-Objekt behalten. Allgemeinverständlicher ausgedrückt bedeutet dies, dass die Menschen nicht als eigenständige Personen mit eigenen Bedürfnissen und Interessen wahrgenommen werden. Sie behalten eine stabilisierende Funktion im psychischen Haushalt des Betreffenden, der sich massiv bedroht fühlen kann, wenn sein Partner abweichende Interessen äußert oder ihn verlassen will. Die dann aufflammenden Wutgefühle beeinträchtigen zumeist das Beziehungsgefüge zwischen den beteiligten Personen. „Wenn jedoch das phasengerechte Bedürfnis nach allmächtiger Kontrolle über das Selbstobjekt in der Kindheit chronisch und traumatisch frustriert worden ist, dann entsteht chronische narzißtische Wut mit all ihren verderblichen Folgen." (Kohut 1981, S. 112)

Wie sehen die Äußerungsformen der narzisstischen Wut konkret aus? Dazu Kohut: „Narzißtische Wut kommt in vielen Formen vor: ihnen allen jedoch ist ein besonderer psychologischer Anstrich gemeinsam, der ihnen eine eindeutige Stellung im weiten Bereich der menschlichen Aggression verleiht. Der Rachedurst, das Bedürfnis, ein Unrecht zu korrigieren, eine Beleidigung auszumerzen, mit welchen Mitteln auch immer, und ein tief eingewurzelter unerbittlicher Zwang bei der Verfolgung all dieser Ziele, der jenen keine Ruhe läßt, die eine narzißtische Kränkung erlitten haben – das sind die Merkmale, die für die narzißtische Wut in all ihren Formen charakteristisch sind und die sie von anderen Aggressionsarten unterscheiden." (Kohut 1975, S. 227)

Mit dieser narzisstischen Wut kann eine Änderung des Bewusstseins einhergehen, die dann als Vergesslichkeit oder Erinnerungslosigkeit für die Zeit des Wutanfalls aufscheint. Das Selbst des Betreffenden wird zumeist von unbewussten „Desintegrations- oder Zerfallängste(n)" (Kohut 1977, S. 47) beherrscht. Kommt es zur psychischen Desintegration, so sind die Folgen zumeist massiv. „Dann, nachdem das Selbst zerfallen ist, treten jene dramatischen Ereignisse auf, die wir in der Vergangenheit so oft als die tiefsten, triebgespeisten Quellen von Pathologie betrachtet haben." (Kohut 1996, S. 282) Die narzisstische Wut, die allzu oft mit der Schädigung des Partners einhergeht, ist in der Regel mit einem Mangel an Einfühlungsfähigkeit verbunden (Vgl. Kohut 1977). Eine narzisstisch strukturierte Partnerschaft kann davon leben, dass der Partner zur Festigung des eigenen Selbstgefühls durch ständige Abwertung gebraucht wird. „Es wird also ein geeigneter Partner gebraucht, der Schwächen, Fehler oder Mängel aufweist bzw. solche häufig produziert, so dass sich immer leicht ein Anlass finden lässt, sich aufzuregen, den anderen anzugreifen und möglichst wirkungsvoll zu beleidigen." (Maaz 2012, S. 157) Oftmals bleibt es bei dieser Konstellation nicht bei verbalen Angriffen. Spätestens dann, wenn der andere Partner sich wehrt oder gar mit Weggang droht, kann der Konflikt schnell eskalieren und tut es vielfach auch.

Diese destruktive Ausgestaltung der narzisstisch konturierten Partner-schaft und das brutale Verhalten sind nicht verwunderlich, da Einfühlung über die eigene Erfahrung gelernt wird. Das heißt, um als Erwachsener anderen Menschen einfühlsam begegnen zu können, ist es notwendig, dass diesem zuvor mit Einfühlung entgegengetreten wurde. Narzisstisch beeinträchtigte Menschen brauchen massive nachträgliche Unterstüt-zung bei der Entwicklung empathischer Fähigkeiten. „Durch stellvertre-tende Introspektion, das heißt durch den Versuch nachzuempfinden, wie es sich anfühlt, in der Haut des anderen zu stecken, erfasst der Analytiker die subjektive Erlebensweise des Patienten. Für viele Menschen ist es eine wohltuende Erfahrung, mit einer solchen Aufmerksamkeit beachtet und verstanden zu werden…" (Lachmann 2004, S. 29f) Und für viele Men-schen ist es auch das erste Mal, dass ihnen ein anderer Mensch wirklich zuhört und versucht, probeweise ihre Perspektive zu übernehmen. Nar-zisstische Störungen werden dann gemildert oder gar geheilt, wenn Am-bivalenzen im menschlichen Kontakt zunehmend ertragen werden kön-nen, wenn es gelingt sich in den anderen hineinzuversetzen, um die Mo-tivationen seines Handelns zumindest ansatzweise zu ergründen. Untrüg-liches Zeichen einer Heilung oder Linderung ist die Zunahme der Phanta-sietätigkeit. Damit entsteht ein innerer Raum, der gedankliches Probe-handeln möglich macht, der das Ausagieren aggressiver Impulse nicht zwangsläufig werden lässt und damit auch die Reflexion denkbarer Fol-gen und Schäden möglich macht. Die Linderung oder gar Heilung einer narzisstischen Persönlichkeitsstörung führt zumeist zu einer erhöhten Kreativität und die Reaktion auf schwierige Lebensumstände mittels Hu-mors wird möglich. Dadurch kommt gleichzeitig eine gewisse innere Dis-tanz zu den eigenen Gefühlen und den widerfahrenen Erlebnissen zum Ausdruck.

Wer sich mit Paardynamiken, Paarkonflikten und damit auch mit Partner-gewalt aus psychoanalytischer Sicht beschäftigt, kommt um das umfang-reiche Werk Schmidbauers nicht herum. Er hat sich wiederholt an einer kritischen Darstellung der psychoanalytischen Methode versucht, sprach gar von einer »Liebeserklärung« an die Psychoanalyse (Vgl. Schmidbauer 1991a). Er sah in ihr die „umfassendste Theorie psychiatrischer Krankheit und Heilung bewahrt" (Schmidbauer 1994a, S. 51). Gleichwohl ist ihm bewusst, dass auch die Psychoanalyse ideologisiert werden und zu einer Weltanschauung erstarren kann. „*Freud* selbst hat durch seine geniale Kreativität dazu verlockt, seine Theorien nicht als Anstoß zu weiterer Forschung, sondern als abgeschlossenes Gebäude aufzunehmen, so sehr seine eigene Haltung auf ständige Veränderung und Überprüfung seiner Gedanken gerichtet war" (Schmidbauer 1994, S. 52). Sexual- und Aggressionstrieb waren für Freud zentrale Kategorien, deren Bedeutung Schmidbauer als Psychoanalytiker gleichfalls anerkennt, aber in Abgrenzung zu Freud teilweise einer Neuinterpretation unterzieht. „Es gibt keine Beweise für einen spontanen Aggressionstrieb des Menschen. Wo Aggressionen auftreten, lassen sie sich besser als reaktive Vorgänge erklären, wobei die Frustration eine wichtige, aber keineswegs allein ausschlaggebende Rolle spielt. Aggressives Verhalten kann auch unabhängig von Frustrationen erlernt und instrumentell eingesetzt werden, um Widerstände zu überwinden." (Schmidbauer 1972, S. 50) Aggressives und gewalttätiges Verhalten von Männern gegenüber ihren Partnerinnen kann Abwehrcharakter tragen. Abgewehrt werden schwer aushaltbare Gefühle von Hilflosigkeit und Verlassenheit. Diese individuell erlebten Gefühlszustände erwachsen für Schmidbauer aus gesellschaftlichen Verhältnissen. „Die zwei Ursachen für unsere Friedlosigkeit sind doch eng verbunden. Einmal die sozialen Widersprüche in den Gesellschaften selbst, wie sie uns Marx geschildert hat, und zum anderen die kulturelle Selektion, welche den Friedfertigen zur Beute des Aggressiven macht, wenn er nicht seinerseits aggressiv wird." (Schmidbauer 1972, S. 145) Diese gesellschaftskritische Haltung ist gerade auch unter Psychoanalytikern heutzutage nicht selbstverständlich. Allzu oft werden soziale Probleme individualisiert und pathologisiert. Ob beabsichtigt oder nicht, so trägt doch diese

Sichtweise zur Aufrechterhaltung und Chronifizierung sozialer Pathologien bei. Die spätkapitalistische Gesellschaft begünstigt vermutlich bestimmte Charakterzüge. „Die Kultur von Leistung und Wettbewerb, in der wir heute leben, führt zu dem verhängnisvollen Versuch, emotionale Reife durch (die Illusion von) wachsender Kontrolle und »Tüchtigkeit« zu ersetzen. Daher fällt es vielen Menschen umso schwerer, sich selbst und anderen Schwächen einzugestehen, je mehr soziales Prestige sie erwerben." (Schmidbauer 2014a, S. 55) Diese Leistungsorientierung ist in Deutschland vor einem bestimmten historischen Hintergrund entstanden, der wesentlich durch die (Spät)-Folgen des Zweiten Weltkrieges geprägt ist. „Wer pausenlos arbeitet, hält seine Ängste und seine innere Leere in Schach. Dieser Leistungsfanatismus wird bei Überlebenden der Konzentrationslager ebenso beschrieben wie bei Heimkehrern aus der Kriegsgefangenschaft oder bei den Vertriebenen. Er wird in unterschiedlichen Formen tradiert, prägt aber die Fantasie einer Liebesbeziehung bis in die Gegenwart." (Schmidbauer 2015, S. 154)

Als Psychoanalytiker ließ Schmidbauer das Thema Aggression nicht los, zumal es Ende der 60er und Anfang der 70er Jahre eine Debatte darüber gab, ob Aggressivität angeboren ist oder wesentlich umweltbedingt hervorgerufen wird (Vgl. auch Fromm 1992). Unabhängig davon wie man diese Debatte bewertet und zu welchem Ergebnis man kommt, kann man doch von folgendem ausgehen: Aggressivität, gefasst als kindliche Neugieraktivität, als ein Herangehen an die Welt verstanden, unterliegt der repressiven Einflussnahme durch die sozialisierende Primärgruppe. „In dem gruppendynamischen Prozeß, durch den destruktive Aggression geschaffen wird, lehnt die Primärgruppe konstruktive Aktivitäten des Kindes ab, weil sie den Eltern bedrohlich erscheinen." (Schmidbauer 1978, S. 177) Hinsichtlich der Ursachen für dieses kindliche Massenschicksal verweist er auf spätkapitalistische, gesellschaftliche Verhältnisse: „Die Isolation in einer Kleinwohnung, die entfremdete Arbeit, der radikal beschnittene Lebensraum, die Klassengegensätze zwischen Ausgebeuteten und

Ausbeutern, zwischen Wissenden und Unwissenden – sie führen dazu, daß Kinder gezwungen werden, sich einer Primärgruppe zu fügen, die nicht gesünder sein kann als die Gesellschaft, die sie umgibt." (Ders. a. a. O., S. 179) 1977 veröffentlichte Schmidbauer mit seinem Buch »Die hilflosen Helfer. Über die seelische Problematik der helfenden Berufe« einen Bestseller, dessen Auflage mittlerweile in die Hundertausende geht. In dem Werk beschreibt er die Gefahr für Berufstätige in helfenden Berufen, sich aufgrund eigener narzisstischer Defizite zu überfordern.

Der hilflose Helfer ist mit einem selbstlosen Über-Ich identifiziert und sorgt sich um seine Klienten oder Patienten wie er ehedem gern von den eigenen Bezugspersonen in der Kindheit versorgt worden wäre. „Die strukturbildenden Vorgänge des Helfer-Syndroms wiederholen sich gelegentlich in der beruflichen Laufbahn von Helfern. Das Kind suchte eine für sein Selbstgefühl bedrohliche Zeitspanne seiner Entwicklung dadurch zu bewältigen, daß es sich mit Teilen der einfühlungsarmen Bezugsperson identifizierte. Weil es einsam war und das Gefühl hatte, daß sich niemand wirklich für seine Wünsche interessierte, übernahm es die Rolle eines mächtigen Helfers, der sich für andere Menschen einsetzt." (Schmidbauer 1982, S. 59) Aus der Identifikation mit dem so wohlversorgten Klienten zieht der hilflose Helfer ein Gefühl der Befriedigung. So weit, so gut. Die Schattenseite dieser Dynamik ist allerdings, dass er den Klienten in seiner Hilflosigkeit braucht, um sich selbst zu stabilisieren und gleichzeitig fällt es ihm schwer, eigene Bedürfnisse nach Anerkennung und Versorgung offen zu äußern und sich für deren Erfüllung einzusetzen. Aggressive Impulse werden eher gegen das eigene Selbst denn gegen Personen im Umfeld des Helfers eingesetzt. Dieser Abwehrmechanismus ist mitverantwortlich für psychosomatische Krankheiten, Depressionen und Suizide, die sich gehäuft in Helferberufen finden. Was hat dieses Helfersyndrom nun mit häuslicher Gewalt zu tun? Der Zusammenhang mit der Entstehung häuslicher Gewalt betrifft nun weniger die Täter als vielmehr ihre

Partnerinnen, obgleich wir in den letzten Jahren hin und wieder auch Angehörige aus helfenden Berufen in unserem Anti-Gewalt-Training hatten. Wir haben es in den letzten zehn Jahren wiederholt erlebt, dass Frauen, die von ihren Partnern misshandelt wurden, diese bei uns zum Anti-Gewalt-Training anmelden wollten. Sicher kann man sagen, dass diese Frauen damit indirekt auch etwas für sich tun wollten, wenn ihre Männer an sich arbeiteten. Gleichwohl wurde in den Gesprächen deutlich, dass ihre hauptsächliche Motivation ein Mitleiden mit dem Täter war, dem doch geholfen werden müsse. Wir haben in diesen Gesprächen versucht den Frauen zu verdeutlichen, dass die Initiative zur Veränderung von dem gewaltbereiten Manne auszugehen habe, auch wenn wir ihre Motivation nachvollziehen könnten. Interessanterweise ist es nicht in einem einzigen Falle zur Aufnahme in das Training gekommen, da die betroffenen Männer entweder nicht das Gespräch mit uns suchten oder eine Teilnahme an dem Anti-Gewalt-Training rundweg ablehnten und lieber eine Geldstrafe in Kauf nahmen.

Während Schmidbauer das beschädigte Selbstgefühl, das der Helferproblematik zugrunde liegt, noch ohne Rückgriff auf die Selbstpsychologie Kohuts beschrieb, änderte sich dies mit seiner nächsten Buchveröffentlichung. In»Alles oder nichts. Über die Destruktivität von Idealen«, 1980 erschienen, beschreibt er u. a. wie Ideale, Ideologien und andere Menschen zu einer narzisstischen Plombe im beschädigten Selbstwertgefühl werden. Schmidbauer macht die Selbstpsychologie nutzbar zur Erklärung von Paarkonflikten. Zu betonen ist, dass narzisstische Persönlichkeitsanteile oder Bedürfnisse per se nichts Pathologisches an sich haben. Es kommt auf das Ausmaß ihrer Ausprägung an, um beurteilen zu können, ob die fließende Grenze zum Krankhaften überschritten wurde. „Narzißmus ist nicht ein Entwicklungsstadium, das durchgemacht und abgeschlossen wird, sondern ein dauerndes, eng mit individueller und sozialer Kreativität verknüpftes Merkmal auch der gesunden Persönlichkeit."

(Schmidbauer 1991, S. 232) Bezogen auf andere Menschen und hier insbesondere bei Partnerschaften erhält der geliebte Mensch die Aufgabe das geschädigte Selbstwertgefühl des anderen zu stützen und zu stabilisieren. Dies geschieht allerdings um einen hohen Preis. Der Partner wird als eine Art Verlängerung der eigenen Person wahrgenommen. Das bedeutet natürlich auch, dass er nicht mehr als getrennte Person in ihrer Individualität wahrgenommen werden kann, die immer auch divergente Ziele und Interessen verfolgt. Im Konfliktfall können viele Partnerschaften dann nicht durch die Aushandlung von Kompromissen befriedet werden. Es erfolgt vielmehr eine Art Vernichtungsfeldzug gegen den geliebten Partner, der nicht vom phantasierten Ideal abweichen darf. „In der Wut geht es um die Allmachtswünsche des in seinem Sicherheitsbedürfnis, in seiner Sehnsucht nach liebevollen und einfühlenden Bezugspersonen enttäuschten Selbst, das darauf besteht, vollständige Kontrolle über seine Umwelt auszuüben." (Schmidbauer 1984, S. 186) Im Zusammenhang mit diesen Wutanfällen kann es auch zu gewalttätigen Übergriffen innerhalb der Paarbeziehung kommen, zumeist des Mannes gegenüber der Frau. Danach entsteht vielfach ein typisches Verarbeitungsmuster, eine Art kognitiver Verzerrung. „Die kränkende Erinnerung an den Kontrollverlust, die dem Vollkommenheitsstreben des idealen Selbst kraß widerspricht, wird durch Verdrängung, Schuldprojektion (»Ich bin der gutmütigste Mensch, aber wenn mich jemand derart provoziert, muß ich aus der Haut fahren«), Rationalisierung (»Ich habe eben zuviel getrunken«) und »gute Vorsätze« (»Ich tue das bestimmt nie wieder«) bekämpft." (Schmidbauer 1984, S. 186f) Einer gesellschaftskritischen Tradition der Psychoanalyse verpflichtet weist Schmidbauer abermals darauf hin, dass narzisstische Störungen, Beeinträchtigungen des Selbstwertgefühls in einer bestimmten Stufe der ökonomischen und gesellschaftlichen Entwicklung auftauchen. „Dieses Modell der »oralen« Störung, bei der Einfühlung durch eine starre Vorstellung von dem ersetzt wird, was gut ist für das Kind, läßt sich ausweiten. Solche Vorgehensweisen, in denen kein Dialog aufgenommen, kein Subjekt geachtet wird, sondern der andere Mittel zum Zweck ist, gehören zu den grundlegenden Umgangsformen in einer von den Gesetzmäßigkeiten der Warenproduktion bestimmten Gesellschaft. Tätigkeiten wie Arbeit, Spiel, Kreativität verlieren ihren auf lebendige Einzelwesen bezogenen Sinn und werden wirtschaftlichen Leistungs- und Konkurrenzzwängen unterworfen. Kurzum: Einfühlung als Produktionsmittel widerspricht der herrschenden wirtschaftlichen Produktionsweise. Die Sehnsucht nach dem narzißtischen Urzustand, in dem umfassende Einfühlung noch biologisch gegeben war, wird zum Traum der Entfremdeten." (Schmidbauer 1981, S. 13)

Diese Anspielung auf die marxistische Gesellschaftsanalyse ist nicht völlig korrekt, auch wenn sie Wesentliches trifft. Zutreffenderweise müsste von der kapitalistischen Warenproduktion die Rede sein, denn sie produziert die genannte Form der Entfremdung. Aber auch Empathie wird im Spätkapitalismus zu einem Produktionsmittel bzw. zu einer Ware, in dem die Professionen der Helfer die durch die Erwerbsarbeit Gebeutelten oder Ausgeworfenen wieder für den Arbeitsprozess fit machen oder sie so versorgen, dass sie nicht die Legitimität der ökonomischen Verhältnisse in Frage stellen. „Die »neuen« Helfer (gemeint sind Ärzte, Psychologen, Sozialarbeiter, Ergotherapeuten etc., A.v.B.) verdanken ihre berufliche Existenz einer Situation, in der die Überforderung der Individuen durch die industrielle Produktionsweise einerseits immer mehr Menschen so belastet, daß sie wegen ihrer »Nervosität« nicht mehr dem Konkurrenzkampf standhalten können, während andrerseits immer mehr Menschen soviel Abstand zu den lastenden wirtschaftlichen Zwängen gewinnen, daß sie für die einfühlende, aufmerksame Beschäftigung mit diesen Nervösen verfügbar sind, ja diese Arbeit einem größeren wirtschaftlichen Erfolg vorziehen." (Schmidbauer 1992, S. 112)

Arbeit liefert im Idealfalle Anerkennung, soziale Kontakte und Selbstbestätigung und ist damit ein weitverbreitetes Mittel zur Selbstwertstabilisierung. Nicht umsonst werden viele Menschen depressiv, wenn sie langzeitarbeitslos werden. Arbeit kann aber zur Plombe im Selbstgefühl werden, wenn sie das ausschließliche Medium zur Selbstwertstabilisierung darstellt. Hier ist dann auch der Weg zur Arbeitssucht nicht mehr weit. „Der normale Mensch, der sich zur Arbeit aufraffen muss und lieber alle Viere von sich streckt, als Leistungsidealen nachzujagen, kann sich die innere Not der Traumatisierten nicht vorstellen, die in der von ihm so ersehnten Ruhe von den Gespenstern ihrer Ängste heimgesucht werden, aber aufblühen, sobald sie sich durch Tätigkeit von diesen ablenken können." (Schmidbauer 2011, S. 127) Die Fähigkeit, durch exzessives Arbeiten frühe Defizite zu regulieren, setzt bestimmte Fähigkeiten voraus und hat spezifische Ängste zur Folge. „Eine traumatische Elternerfahrung im Berufsleben zu überwinden, fordert den Aufbau einer funktionierenden Fassade von Selbstdisziplin und Leistungsbereitschaft. Diese Fassade stabilisiert sich durch ihren Erfolg, aber zu ihr gehören auch Ängste vor Passivität, vor Hingabe, vor Entscheidungen, deren Folgen nicht überblickt werden können und die wohlmöglich eine Rückkehr in den vermiedenen, tabuisierten Bereich der Kindheit erzwingen würden." (Schmidbauer 2007a, S. 210)

Narzisstische Krisen gehören allerdings auch zu einem normalen Lebens- und Paaralltag dazu. Ständig besteht damit aber auch die Gefahr, dass die Krise überhandnimmt und der partnerschaftliche Dialog entgleist. „Kein Mensch kann sich seiner Ambivalenztoleranz dauerhaft sicher sein. Sie ist niemals ungefährdet. Jederzeit bedrohen heftige Affekte – Angst, Begehren und Wut – das Ich und zwingen es in die Regression zu den primitiven Spaltungsmechanismen, in denen die Welt wieder in ein einfaches Schema von Gut und Böse zerfällt." (Schmidbauer 2005, S. 178) Bevor diese innere Welt regressiv zerfällt, wird sie oft noch durch eine Phase der Partneridealisierung stabilisiert, die zumeist allerdings nicht von Dauer und durchaus krisenanfällig ist. „Verstehen zwischen Erwachsenen setzt voraus, daß akzeptiert werden kann, wenn der Partner nicht immer liebevoll und zugewandt ist, sondern manchmal auch abweisend und gleichgültig. Wer diese Ambivalenz nicht aushält, baut in seiner Phantasie ein ganz gutes, ein ideales Wesen auf, das er in seinen realen Kontaktaufnahmen eine Weile durch Abspaltung, Verdrängung und Verleugnung aller Züge, die nicht in dieses Bild passen, zu bewahren sucht." (Schmidbauer 1991, S. 220) Wenn der Mensch diese Tendenz zur Regression in sich spürt, kann die Bitte um Feedback und emotionale Stützung durch nahestehende Menschen enorm hilfreich sein. „Der Erwachsene ist von einem Netz von Freunden, Bekannten, Kollegen umgeben, die es ihm ermöglichen, in Krisen seines Selbstgefühls auf Hilfe zu vertrauen, weil auch andere bei ihm in ihren Krisen verlässliche Hilfe finden." (Schmidbauer 2005, S. 27) Letztlich geht es dabei auch darum, die eigenen Ressourcen durch Hilfe von außen zu aktivieren. „Es gibt in allen Menschen und in allen zwischenmenschlichen Beziehungen Gegenkräfte, die uns helfen, die narzisstische Wut zu zügeln. Diese beruhen auf dem Prinzip der Empathie: Wenn sich ein Gekränkter respektiert und in seiner Verletzung wahrgenommen fühlt, kann er sich besser von ihr distanzieren und darauf verzichten, durch Grenzüberschreitung und Gewalt seine Verletzung zu demonstrieren." (Schmidbauer 2007a, S. 41) Dieses hier angesprochene Selbstwertgefühl ist umso stärker, je früher es im Leben gefördert wurde. „Wer sich gut einfühlen kann und sein Selbstgefühl durch tragfähige Identifizierungen festigen konnte, hat es viel leichter, sich angstfrei von den Wertvorstellungen, Vorlieben und Wünschen seines Gegenübers zu unterscheiden." (Schmidbauer 2015a, S. 14) In emotional befriedigenden Beziehungen ist beides möglich, die Verschmelzung wie auch die Abgrenzung und Differenzierung. „Gute Beziehungen sind nicht ohne symbiotische Qualität; es ist nur so, dass sich ein symbiotischer Kern so festigt, dass um ihn herum Differenzen ertragen werden." (Schmidbauer 2015a, S. 57) Den gleichen Sachverhalt mit ergänzender Nuancierung hat Schmidbauer an anderer Stelle hervorgehoben. „Im reifen Narzissmus koexistieren kindliche Allmachts- oder Verschmelzungsphantasie und erwachsener Realitätssinn. Sie durchdringen und ergänzen sich in Kreativität, in Humor und Ironie." (Schmidbauer 2012, S. 93)

Werfen wir wieder einen Blick auf die Teilnehmer unseres Anti-Gewalt-Trainings, so müssen wir vielfach feststellen, dass diese Männer in ihren Herkunftsfamilien kein stabiles Selbstgefühl aufbauen konnten und auch ihr heutiges soziales Netz häufig ungeeignet oder zumindest unzureichend ausgerüstet ist, um diese Männer zu stabilisieren. Viele Männer verfügen entweder über keine Freundschaften oder die vorhandenen Freunde sind gleichfalls problembeladen und kommen als empathische Gesprächspartner weitestgehend nicht in Betracht. Das hat klare Folgen für die Gefühlsregulation. „Durch das permanente Bestreben, den aversiven Emotionen, wie z. B. Scham, Angst und Hilflosigkeit, auszuweichen, haben diese Patienten aber auch verlernt, ihre Gefühle und die damit verbundenen Bedürfnisse wahrzunehmen; vielmehr suchen sie die Befriedigung ihres Bedürfnisses nach Selbstwert und Bindung fast ausschließlich in ihrer Bewunderung durch ihr Umfeld." (Lammers 2014, S. 54) Aus psychoanalytischer Sicht lässt sich sicher festhalten, dass diese Männer ihre Umgebung analog ihrer inneren Welt gestalten. Welchen Sinn macht dies, wo es doch offensichtlich nicht hilfreich ist? Sicher scheint zu sein, dass sie auf diese Art und Weise einer weiteren Verunsicherung entgehen. Diese zu vermeiden ist für Menschen mit einem lädierten Selbstgefühl immens wichtig. Eine Auseinandersetzung über eigene Anteile am Paarkonflikt schafft kognitive Dissonanzen, möglichweise auch Schuld- oder Schamgefühle, die zu einer, wenn auch vielleicht vorübergehenden, weiteren psychischen Destabilisierung führen könnten. Diese Gefahr wird gleichwohl ausgeschaltet, wenn kein Gesprächspartner vorhanden ist oder von ihm keine kritischen Nachfragen, aber auch keine empathische Unterstützung zu erwarten ist. Vielleicht ist sogar das Gegenteil der Fall. Der betreffende Mann wird durch seine männlichen Gesprächspartner in seiner Erlebens- und Handlungsweise gestützt und bestärkt. Damit mag er sich zunächst relativ gut fühlen, weil er sich bestätigt sieht – eine menschlich verständliche Reaktion. Sie hat nur den gravierenden Nachteil, dass sie keine Lösungsansätze für das Problem bereithält. Zumeist ist sogar eher das Gegenteil der Fall. Der narzisstisch gekränkte Mann wird in seinem Erleben bestärkt. Dieser Mechanismus trägt sicher mit dazu bei, dass häusliche Gewalt vielfach kein einmaliges Ereignis bleibt – im Gegenteil – wenn nicht massiv eingeschritten wird, sei es durch die Partnerin, Freunde, die Polizei, dann neigt sie zur Eskalation. Das heißt, der gewalttätige Mann sieht sich tendenziell in seinem Verhalten bestätigt und wendet es immer wieder an. Das ist allerdings nicht immer von ihm gewollt. Ähnlich wie bei einem Suchtmechanismus kommt es dazu, dass das gewalttätige Verhalten immer häufiger gezeigt wird und in seiner Dosierung gesteigert bzw. intensiviert wird. So wie viele Süchtige sich glaubhaft vornehmen, zukünftig vom Alkohol oder von der Droge zu lassen, so versprechen auch viele gewalttätige Männer ihren Partnerinnen, sie zukünftig nicht mehr zu misshandeln. In emotionalen Belastungssituationen kommt es dann aber doch immer wieder zum Rückfall in den Konsum bzw. sie zeigen das gewalttätige Verhalten. Dieser Mechanismus schleift sich mit jedem Rückfall tiefer ein und bewirkt vielfach gleichzeitig eine tiefgehende Resignation des Handelnden. Zu Rückfällen wird es solange kommen, wie dem Mann keine alternativen Handlungsmöglichkeiten aufgezeigt werden. Erst ihre Umsetzung trägt dazu bei, psychischen Stress zu reduzieren, zu vermeiden oder besser aushalten und handhaben zu können. Aus diesem Grunde ist es wichtig, im Anti-Gewalt-Training Themen wie Kommunikation, Stressbewältigung, Selbst- und Fremdwahrnehmung zu behandeln. Bei der Tatrekonstruktion sollen dann vor allem alternative und damit auch präventive Handlungsschritte aufgezeigt werden. Deren Umsetzung ist im Idealfall im Sinne eines Supervisionsprozesses zu begleiten. Wir machen hier fachlich etwas Abstriche, da uns dazu die Zeit fehlt. Allerdings beobachten wir sehr genau, was der betreffende Mann nach der Tatrekonstruktion in den nächsten Sitzungen in der Eingangsrunde berichtet. Hat sich der Kontakt zur Partnerin verändert, wohlmöglich in eine entspanntere Richtung? Wenn der Mann von sich aus spontan nichts berichtet, fragen wir gezielt nach. Als Rückmeldung erhalten wir Unterschiedliches. Manchmal hat sich in der dazwischenliegenden Woche keine Situation ergeben, die alternatives Kommunizieren und Handeln möglich oder notwendig machte. In anderen Fällen scheint es ein Problem der Aufmerksamkeit zu sein. Erst wenn wir nachfragen und damit die Aufmerksamkeit auf die Interaktion in der Partnerschaft lenken, scheint es möglich zu sein, Veränderungen zu registrieren. Hier scheint ein bestimmter Modus wirksam zu sein: „Wer belastete Beziehungen beobachtet, findet Partner, die sich nicht *wahrnehmen*, nicht aufeinander wirken lassen." (Schmidbauer 2015a, S. 149) Stattdessen wird vielfach mit Vorwürfen gearbeitet, die auch nicht unterlassen werden, wenn sich dadurch das partnerschaftliche Klima dauerhaft verschlechtert und Streitereien immer wieder verbal oder auch handgreiflich eskalieren. Was ist hier wirksam und wer hat etwas davon? „Im Vorwurfsritual wird der Partner für eigene schlechte Gefühle verantwortlich gemacht. Dadurch verstärkt sich ein Erleben von Ohnmacht. Wer die Vorwürfe vollzieht, ist unschuldig an der Misere, aber auch machtlos, etwas an ihr zu ändern." (Schmidbauer 2014, S. 173) Das entlastet von jeglicher Verantwortung. Veränderung in der Partnerschaft könne nur durch den anderen Partner kommen. Vorwürfe treten an die Stelle einer Eigenschaft – Empathie –, die für erfolgreiche Partnerschaften unumgänglich ist. „Das Vorwurfsritual ersetzt Empathie in emotionale Realität – die eigene wie die des Partners – durch Rechthaberei: der eigene narzisstische Anspruch wird absolut gesetzt. An die Stelle des Bemühens um Einfühlung in das Gegenüber tritt der Vorwurf, dass dieses die Wahrnehmung seiner Pflichten verweigert." (Schmidbauer 2014, S. 174)

Der oben angesprochene Gewaltkreislauf wirft verschiedene Fragen auf. Wie wird er ausgelöst und was hält ihn aufrecht? Warum steigt das Opfer, hier zumeist die Frau, nicht sofort oder zumindest frühzeitig aus dem

Kreislauf aus? Hat sie gar Argumente oder sogar Vorteile, die für den Verbleib in der gewaltbelasteten Partnerschaft sprechen? Kann jeder narzisstisch gestörte Mann mittels eines Anti-Gewalt-Trainings den Ausstieg aus gewalttätigen Handlungsmustern finden? Schaut man sich die Paardynamik an, so wird versucht, den jeweils anderen zu kontrollieren, zumeist mit wenig bzw. dauerhaften Erfolg. Das aktuelle, kontrollierende Verhalten ist dabei auch als ein erneutes in Szene setzen eines frühen Dramas zu verstehen. „Die Überwachung des anderen soll die frühe Beziehung zur Mutter wiederherstellen und mit den Machtmitteln sichern, die dem Erwachsenen verfügbar sind. Es soll im Grunde nur einen geben, der andere ist seine Ausweitung, die ihn mächtiger macht, die ihm Schutz gibt in einer bedrohlichen Welt. Weil die Anstrengungen, Sicherheit zu gewinnen, diese nicht herstellen, entsteht Wut." (Schmidbauer 1994, S. 69) Die hier angesprochene und schon öfter erwähnte Wut kann bei mangelnder Impulskontrolle nicht nur verbale, sondern körperliche Entgleisungen zur Folge haben. Letztere sind nicht unbedingt geplant, sondern eher als Kontrollverlust, als Produkt einer psychischen Desintegration bzw. tiefen Regression zu verstehen. Das bedeutet, „er schlägt zu, um einer drohenden inneren Katastrophe zu entgehen, einem Zustand, den er noch mehr fürchtet als die Folgen seiner Gewalttätigkeit, die er am Rande seines Bewußtseins durchaus wahrnehmen kann, in der Bruchstücke von Berechnung in einem Meer blinder Wut schwimmen. Die Zeitperspektive ist aufgelöst, es geht nur noch um die Verteidigung in der Gegenwart, als sei tatsächlich das Liebesorgan bedroht, als …." (Schmidbauer 1991, S. 107) Vergegenwärtigt man sich diesen psychischen Zustand, so ist unmittelbar einsichtig, dass dieser Prozess von dem betreffenden Mann, hat er einmal eingesetzt, vermutlich kaum eigenständig unterbrochen werden kann. Präventive Interventionen müssen also deutlich früher ansetzen, bevor der Mann derartig regrediert. Was motiviert nun eine Frau, sich in eine potentiell gewaltbelastete Partnerschaft zu begeben? Auch sie scheint ein frühes Drama zu wiederholen. Dereinst wurden vermutlich die Zuwendung und das Verständnis der Eltern erhofft und durch entgegenkommendes Verhalten zu erhalten versucht, aber letztlich wurde es nie in dem notwendigen Maße bereitgestellt. „So sucht sie sich Männer, denen sie etwas *geben* kann – Männer mit großen narzißtischen Bedürfnissen und hoher Kränkbarkeit, die viel Zuwendung brauchen. Mit ihnen wiederholt sie das Kindheitsschicksal: Während der Verliebtheitsphase lockt die Hoffnung, wenn man erst einmal für einige Zeit die ideal spendende Geliebte gewesen sei, werde sich der Mann irgendwann in den ideal spendenden Geliebten verwandeln." (Schmidbauer 1991, S. 112) Bei diesem Mechanismus der Paarbildung ist die Katastrophe oder zumindest die tiefe Enttäuschung mit hoher Wahrscheinlichkeit vorprogrammiert, denn der Zuwendung spendende ideale Geliebte lässt sich partout nicht hervorkitzeln und sei die dazu aufgewandte Anstrengung auch noch so groß. Das hat Folgen, sowohl für die Frau wie auch für den Mann. „Sie fordert, er schlägt mit der Faust auf den Tisch. Sie widerspricht ihm, äußert Kritik: das ist die Situation, die oft zu der männlichen Entgleisung in Gewalttätigkeit führt. Der Mann identifiziert sich in seinem Recht mit der Gewalt; diese einstmals „unschlagbare" Verbindung, der sich die Frau unterordnete, muß angesichts einer wehrhaft gewordenen Frau zur schlagenden werden." (Schmidbauer 1991, S. 111) Wird zur Gewalt Zuflucht genommen, ist bereits ein vergleichsweise spätes Stadium der entgleisten Paarkommunikation erreicht. Während der gewalttätigen Handlungen, aber vor allem zuvor, kommt es häufig, auch zu gegenseitigen, Entwertungen. „Entwertung und Erniedrigung des anderen stützen das eigene Selbstwertgefühl und untergraben es zugleich. Indem das einst Glück und Stabilität spendende Wesen erniedrigt wird, hofft der Täter (oder die Täterin) auf eine eigene Erhöhung. In der Vernichtung dessen, der mich gekränkt hat, meine ich die Zeit zurückzudrehen und die Kränkung selbst ungeschehen zu machen." (Schmidbauer 2007, S. 8) Hier wird deutlich, dass sich die beiden Beteiligten brauchen, um sich durch wechselseitige Entwertungen zu stabilisieren. Das macht eine Trennung so schwer. „Traumatisierte Menschen sind besonders darauf angewiesen, dass sich ihre Umwelt nicht verändert; sie hängen an Wohnungen, Häusern, Stadtvierteln in einer Weise, welche normale Bindungen weit übertrifft. Ähnlich hängen sie auch an dem Menschen, mit dem sie zusammenleben. Sie wissen um die Schrecken der Einsamkeit und tun viel, um diese zu vermeiden. Daher gibt es hier äußerlich stabile Beziehungen, die beide Partner in einem Zustand des ermäßigten Elends halten. Ihre Bindungskraft wird oft unterschätzt." (Schmidbauer 2007a, S. 63) Fatalerweise gilt für diese Partnerschaften die Erkenntnis, dass Ähnlichkeiten sich anziehen. „Es ist keine Magie dabei, wenn sich narzisstisch gestörte und traumatisierte Menschen anziehen und bevorzugt aneinander binden. Personen, die um ihre Grenzen wissen, die Respekt anbieten und Respekt fordern, trennen sich rechtzeitig von Partnern, die grenzüberschreitend und respektlos mit ihnen umgehen und sie auf diese Weise verletzen. Wer aber solche Haltungen nicht aufbauen und in sich festigen konnte, ist sich nie sicher, ob Wutausbrüche, Entwertungen und Drohungen nicht von ihm verschuldet sind. Er wird sich eher von den destruktiven Seiten des Partners anstecken lassen, als sich von ihm zu befreien." (Schmidbauer 2007, S. 152) Fragt man die Betroffenen, warum sie sich bei all dem Elend nicht trennen, so erhält man häufig zur Antwort, es sei eben Liebe oder auch die Angst vor Verarmung. Ähnliche Argumentationen sind auch aus Paartherapien bekannt. „Meist werden äußere Gründe genannt, die eine Trennung unmöglich machen. Dahinter lassen sich Verlustängste auffinden. Sie betreffen nicht den realen Partner – von diesem Ekel wäre man ja lieber heute als morgen durch Ozeane getrennt! –, sondern die *Erwartungen* an ihn. Er ist sozusagen Kristallisationskern von Hoffnungen, endlich doch noch der zu werden, den man sich vorgestellt hat." (Schmidbauer 2014, S. 110) Hinzu kommt, dass Frauen trotz teils massiver Misshandlungen offenbar gerade aus diesem Tatbestand einen besonderen Gewinn, aber auch einen spezifischen Verlust für sich verbuchen können, wenn sie sich nicht trennen. „Der narzisstische Absturz, die Krise für das Selbstwerterleben ist bei der Frau, die einen Schläger anzeigt, erheblich stärker ausgeprägt als beim Täter, der sich als gefühlsstark selbst idealisieren kann." (Schmidbauer 2014, S. 140) Und es kommt auch noch etwas anderes hinzu: „Die Anmaßung, einen Rechtsbruch *aus Liebe verzeihen zu können*, genießt weit höheres Ansehen als die Anmaßung des Täters, er habe *aus Liebe geschlagen*. Die geheime Grundlage beider Rituale ist jedoch, dass die Partner die eigene Größenfantasie nicht in kritischen Abstand rücken müssen. Sie können sich so die Einsicht ersparen, dass *ihr persönlicher* Entwurf von Liebe *kein* gemeinsamer ist." (Schmidbauer 2014, S. 140f) An dieser Dynamik wird wiederum deutlich, dass es nicht nur die Männer sind, deren narzisstische Störungen den Tatbestand der häuslichen Gewalt aufrechterhalten. Auch die Partnerinnen dieser Männer sind in besonderer Weise daran beteiligt. „Es mit einem Mann auszuhalten, mit dem es sonst keine Frau aushält, seine Launen hinzunehmen, der Bewunderung über die eigene Pflichterfüllung, den so bezeugten Opfermut sicher, festigt ein zerbrechliches weibliches Selbstgefühl." (Schmidbauer 2015, S. 115) Wie stark dieses Motiv ist, wird angesichts unzumutbarer Belastungen deutlich. „So wird dem mit Selbstmord oder Tätlichkeiten drohenden Partner »verziehen« und ihm erlaubt, seine Aktionen als Versehen oder Zufall hinzustellen. Damit kann der großzügig verzeihende Partner sein Selbstgefühl auf ungute Weise erhöhen. Er ist überoptimal liebesfähig, er erträgt einen Menschen, den andere längst aufgegeben hätten." (Schmidbauer 2015, S. 140)

Die bisherigen Ausführungen sind stillschweigend davon ausgegangen, dass die Partner über annähernd gleiche intellektuelle Kapazitäten verfügen. Eine besondere Situation ergibt sich, wenn hier größere Unterschiede offenbar werden. „Besonders bösartige Beziehungskämpfe entstehen aus der Verbindung einer geistig überlegenen Frau mit einem besonders kränkbaren Mann, wenn die Frau in ihrer intellektuellen Selbsteinschätzung blockiert ist und sich einfach nicht vorstellen kann, dass sie wirklich die Klügere ist." (Schmidbauer 2013, S. 19) Dabei scheinen spezifische Erwartungen und Phantasien, insbesondere auf Seiten der Frau, eine bedeutsame Rolle zu spielen. „Sobald die Verliebtheit dem Alltag Platz macht und die Frau in gemeinsamen Aufgaben – etwa der Sorge um ein Kind – nicht mehr an der Erkenntnis vorbeikommt, dass er nicht alles richtig und gut macht, kann sie kaum anders, als seine Einfühlungsmängel und seine Beschränktheit als bösen Willen auszulegen. Er *könnte* ganz anders, wenn er nur *wollte* – schließlich kann er doch bestimmt genauso viel wie sie, wahrscheinlich sogar mehr als sie! Wenn er das nicht leistet, wenn er nicht versteht, was sie will, wenn ihm spontan so viel weniger Probleme auf – und entsprechend weniger Lösungen einfallen, dann ist sie ihm nicht wichtig, dann hat er Besseres vor, interessiert sich nicht für sie. Dann liebt er sie nicht. Der Mann quittiert ihre Angriffe mit Gewalt und/oder Rückzug; einer Auseinandersetzung ist er nicht gewachsen. Sie ist ihm geistig und verbal überlegen." (Schmidbauer 2013, S. 20) Dabei gäbe es auch noch eine andere, kreativere Lösung, die wiederum besondere Kompetenzen auf Seiten der Frau voraussetzen. „Frauen *lernen*, sich dümmer zu stellen, als sie sind, um dem Mann seine Überlegenheit zu lassen. *Bewusst* vollzogen, wird die Hemmung der Intelligenz zu einer *intelligenten* Reaktion auf den Narzissmus der männlichen Partner. Aber dieser weise Umgang mit der geistigen Rivalität zwischen Mann und Frau gelingt nur dann, wenn das intellektuelle Selbstbewusstsein nicht durch eine frühe Traumatisierung eingeschränkt wurde. Wer sich dumm stellen kann, ohne sich wirklich dumm zu machen, der demonstriert einen ebenso klugen Umgang mit seiner Intelligenz wie die überlastete Hausfrau, die sich mit einer Scheinmigräne zu Bett legt, bevor sie der Kopf so schmerzt, dass sie gar nicht mehr anders kann." (Schmidbauer 2013, S. 63)

Die Tatsache, dass gemäß tiefenpsychologischer Anschauung die Persönlichkeit des Menschen aus bewussten und unbewussten Anteilen besteht, kombiniert mit einschlägigen Verarbeitungsmustern, hat unter ungünstigen Umständen bestimmte Schwierigkeiten zur Folge. „Große Teile der symbiotischen Phantasien im Zentrum einer Liebesbeziehung sind dem Bewusstsein fremd. Abhängigkeit wird nicht erlebt, sondern schon vorher in Versuche umgeformt, durch Vorwürfe und Druck den Partner zu verändern, so dass wieder alles passt." (Schmidbauer 2018, S. 183) Schmidbauer meinte in diesem Zusammenhang sogar ein besonderes Kennzeichen der Ehen in Deutschland feststellen zu können. „Eine typische Qualität der deutschen Ehe ist die normativ-belehrende, an Schuldgefühle appellierende, auf die Erziehung des Partners/der Partnerin zielende Form von Auseinandersetzungen. Angesichts der Aufgabe, sich mit widersprechenden Erwartungen auseinanderzusetzen, suchen die Partner einander zu normieren. Sie sind sich der eigenen Werte nicht sicher genug, um zu ertragen, dass ihr Gegenüber andere Werte gültig findet. Es kann doch nur *eine* Vorstellung von Ordnung, Sauberkeit, gesundem Leben, schmackhaftem Essen, sexueller Aktivität geben!" (Schmidbauer 2015, S. 20) Ob sich Ehen in Deutschland von denen in Italien, Frankreich oder Holland wirklich deutlich unterscheiden, kann hier nicht beurteilt werden. Zweifel scheinen aber angebracht, denn der durch die industrielle Produktionsweise hervorgebrachte Arbeits-und Lebensstil scheint sich allenfalls in Nuancen zu unterscheiden.

Bereits Erich Fromm konstatierte vor Jahrzehnten eine »Furcht vor der Freiheit«, die den Menschen in Westeuropa seit der Renaissance heimsuche, da er der Eingebundenheit in eine göttlich bestimmte Welt verlustig gegangen sei (Vgl. Fromm 1982). Ähnliches formulierte Ende der 70er Jahre der Psychoanalytiker H.-E. Richter, der in diesem Zusammenhang von einem »Gotteskomplex« sprach. Er sah einen Machbarkeitswahn am Werke, der sich aus Allmachtsphantasien speist, die tiefgreifenden Ohnmachtsgefühle abwehren (Vgl. Richter 1982). Schmidbauer steht in dieser Tradition, wenn er die Zwiespältigkeit der Individualisierung hervorhebt. „Individualisierung schafft nicht nur Freiheiten, sondern auch Zwänge: Verantwortung für das eigene Leben zu übernehmen, Entscheidungen zu treffen, sich schuldig fühlen, wenn eine Entscheidung falsch war. Die Symbiose mit dem Liebespartner spielt eine zentrale Rolle in der Kompensation der emotionalen Überforderungen durch diese Entwicklung. Gleichzeitig destabilisiert sie aber auch die Kontakte. Sie individualisiert Kränkungen und schreibt sie einem Liebespartner zu, der »kein Verständnis hat«!" (Schmidbauer 2012, S. 75) Insbesondere Schwellensituationen des Lebens sind dann besonders konfliktanfällig, wenn sie nicht mehr oder nicht mehr wesentlich durch gesellschaftlich vorgegebene Deutungsmuster bestimmt werden. „Viele Paare müssen nach einem oder zwei Kindern damit ringen, dass in ihrer Beziehung erotische Defizite, wechselseitige Entwertungen, Ängste und Vorwürfe dominieren. Meist wird diese Problematik projektiv verarbeitet. Die eigenen Spannungen werden nicht als Problem erlebt, das von eigenen Enttäuschungen geschaffen ist, sondern so, als gingen sie vom Partner aus. Dieser hat sich verändert, ist desinteressiert, gereizt, selbstbezogen, unfreundlich. Wenn sich in vielen Paaren nach der Geburt eines Kindes die erotische Bindung löst, hängt das mit solchen projektiv abgewehrten Aggressionen zusammen." (Schmidbauer 2012, S. 24f)

Gemäß Schmidbauer ist unser Leben, „solange wir aushalten, auch eine Geschichte des Kampfes gegen Kränkungen." (Schmidbauer 2007, S. 185) Einwände lassen sich aber durchaus erheben, wenn es um das angeblich weniger stabile Selbstgefühl von Kindern Alleinerziehender geht. „Sie sind als erwachsene Männer und Frauen naiver und oft weniger selbstsicher als Personen, die das gute Paar verinnerlichen konnten. Sie riskieren Beziehungen, die nicht gelingen können, binden sich an ungeeignete Partner und brauchen mehr schmerzliche Erfahrungen, um sich in der Welt der Partnerschaft zu orientieren." (Schmidbauer 2007, S. 92) Dem ist in seiner Absolutheit so nicht zu folgen, würde es doch besagen, dass auch die Identifikation mit einem sehr selbstsicheren alleinerziehenden Elternteil keine so annähernde Stabilität wie die Verinnerlichung eines guten elterlichen Paares gewährleisten kann. An anderer Stelle schreibt der zitierte Autor denn auch: „Wer als Kind genügend emotionalen Halt gefunden hat, kann diese Sehnsucht nach Grandiosität und Verschmelzung mit einem idealisierten Ziel aus der Abhängigkeit von einem anderen Menschen herauslösen und sie an vielen Orten finden: in der Natur, in der Schönheit einer Landschaft, eines Kunstwerks, in der Musik." (Schmidbauer 2007a, S. 168f) In diesem Zusammenhang ist dann nicht die Rede davon, dass das Kind unbedingt zwei Elternteile braucht, um hier optimale Ergebnisse zu erzielen.

Es bleibt zum Abschluss die Frage, ob ein Anti-Gewalt-Training für alle narzisstisch beeinträchtigten und gestörten Männer hilfreich ist. Folgt man Schmidbauer, so gilt es hier skeptisch zu sein. „Gesunde Menschen können aus ihren Erfahrungen lernen. Leicht gestörte Menschen können lernen, wenn sie dabei gestützt werden, und sie können diese Stütze in einem Interaktionsprozess schnell festigen. Schwer gestörte Personen hingegen können den Therapeuten nicht so kontinuierlich als stützend und hilfreich wahrnehmen, dass sie mit seiner Hilfe eine stabile Einsicht gewinnen. Sie müssen lernen, die Tatsache zu ertragen, dass ihnen das nicht gelingt und sie immer wieder von primitiven Idealisierungen und radikalen Entwertungen heimgesucht werden, die alles in Frage zu stellen scheinen." (Schmidbauer 2005, S. 197) Hinzufügen lässt sich noch: „Kaum einem narzisstisch gestörten Täter mangelt es an der Einsicht, dass er sich durch seine Tat selbst schädigt. Was ihm fehlt, ist die Kraft, seiner Einsicht auch gegen die eigene Kränkung und die aus ihr entstandenen Rachebedürfnisse zu folgen." (Schmidbauer 2013, S. 201)

4. Merkmale des Anti-Gewalt-Trainings

Obgleich das hier anhand wesentlicher Merkmale beschriebene Anti-Gewalt-Training nachvollziehbar sein soll, bleibt es doch immer auch Stückwerk, da therapeutisches Handeln nur ansatzweise und damit unvollständig in Worte gefasst werden kann. Therapie ist aus unserer Sicht vor allem

Erleben. Nicht umsonst müssen tiefenpsychologisch orientierte Therapeuten eine Eigentherapie mit Reflektion, genannt Lehranalyse, absolvieren. Um das Training anschaulich und möglichst lebendig werden zu lassen, wird es in diesem Kapitel anhand von elf Stichworten, die jeweils einen Unterabschnitt umfassen, beschrieben.

4.1 Ziele

Gewalt wird in unserem Zusammenhang als Ausdruck unterbliebenen oder
gestörten Wachstums verstanden. Diese Wachstumsstörung zeigt sich in der
Gefühlsregulation wie in der Beziehungsgestaltung zu wichtigen Bezugspersonen. Es liegt auf der Hand, dass ein Anti-Gewalt-Training gewaltfreie Kom-
munikations-und Handlungsmuster anstrebt. Dieses generelle Ziel lässt sich
wiederum in Feinziele unterteilen:

- Verbesserung der Wahrnehmung eigener Gefühle und Gedanken

- Verbesserung der Wahrnehmung und Artikulation verdeckter Bedürfnisse nach Nähe

- Weiterentwicklung und Differenzierung von Verhaltens- und Steue-
  rungsmöglichkeiten in konflikt- und stressreich empfundenen Situationen, die zu Gewalthandlungen führen können.

- Verbesserung der Fähigkeit, Rückmeldungen von wichtigen Bezugspersonen zu eigenem   Verhalten angemessen aufzunehmen
  und zu verarbeiten

- Förderung der Introspektionsfähigkeit

- Stärkung der Bindungsfähigkeit

- Entwicklung von (Opfer-)Empathie

Anhand dieser Ziele wird deutlich, dass das Unterlassen gewalttätiger Kommunikations- und Handlungsmuster über ein Wachstum der Persönlichkeit angestrebt wird.

4.2 Zugangswege

Die Zugangswege sind vielfältig. Etwa 70-80% der Teilnehmer kommen freiwillig in das Training. Die Frage, was »freiwillig« im Einzelnen bedeutet, bedarf aber einer Erörterung. Ein nicht unerheblicher Teil der Männer spürt, dass ihr Streitverhalten korrekturbedürftig ist, insofern sie im Konfliktfalle oftmals laut und bedrohlich gegenüber ihren Partnerinnen werden. Sie leiden z. T. selbst unter diesem Verhalten, wollen es ablegen, schaffen es jedoch nicht, trotz aller Anstrengungen und guter Vorsätze.

Dann gibt es auch Männer, die Angst haben, durch ihr gewalttätiges Verhalten ihre Partnerinnen zu verlieren. Entweder ist die Trennungsdrohung bereits ausgesprochen oder sie wird als demnächst kommend von den Männern vermutet.

Noch etwas verwickelter wird es, wenn man berücksichtigt, dass viele gewalttätige Männer in ihrer Kindheit unsicher gebundene Kinder waren und im Konfliktfall, als Erwachsene, von unbewussten Trennungsängsten und Trennungsimpulsen gebeutelt werden, und letztere möglicherweise bei sich nicht wahrnehmen können, sondern auf die Partnerin projizieren und an dieser bekämpfen. Insofern ist die erwähnte Freiwilligkeit sicher eine relative, aber vielfach sind diese Männer ernstlich motiviert, an sich zu arbeiten. Im Fachjargon formuliert kann man hier von intrinsischer Motivation sprechen.

20-30% der Teilnehmer kommen über eine gerichtliche Auflage oder über eine Auflage nach § 153a Strafprozessordnung in das Training. Der durch

die Staatsanwaltschaft eröffnete Weg besagt, dass das Verfahren eingestellt wird, wenn das Training absolviert wurde. Für den betroffenen
Mann ist dieses Verfahren billiger, da keine Gerichtskosten anfallen und
die Teilnahme am Training Berufstätige 390€ und Arbeitslose 130€ kostet. Eine Geldstrafe als Folge einer Verurteilung ist höher als die Teilnah-
mebeiträge. In Kooperationsvereinbarungen mit der Staatsanwaltschaft
Lüneburg und dem Amtsgericht Lüneburg sind die Einzelheiten der Kooperation schriftlich festgelegt. Wichtig ist, dass auch bei einer Auflage
die letztendliche Entscheidung, ob ein Mann in das Training aufgenommen wird, bei den Leitern des Trainings liegt. Denn die Beurteilung einer
eventuell dem Training entgegenstehenden Suchterkrankung oder psychiatrischen Störung ist mit einer juristischen Ausbildung nicht möglich.

Die über eine Auflage in das Training kommenden Männer sind zumeist
wenig motiviert. Ihnen geht es in erster Linie darum, eine Anklage und
höhere Geldstrafen zu vermeiden. Diese Motivation ist legitim. Im Verlaufe des Trainings kommt es nun darauf an, diese extrinsische in eine
intrinsische Motivation zu verwandeln. Bei den vielen Männern gelingt
dies. Sie merken im Laufe des Trainings, dass sie mit ihren Stärken und
vor allem ihren Schwächen ernst genommen und nicht abgewertet werden, wenn die schwierigen und gewalttätigen Seiten ihrer Persönlichkeit
sichtbar werden. Man kann auch sagen, dass diese Männer einen narzis-
tischen Gewinn aus der Teilnahme an dem Training ziehen. Wenn sie
dann im Verlaufe des Trainings spüren, dass das dort Gelernte ihnen hilft,
ihren partnerschaftlichen Alltag besser zu bewältigen, ist das Eis gebrochen und der Wechsel zur intrinsischen Motivation ist geschafft.

4.3 Auswahl- und Motivationsgespräche

Mit jedem Interessenten, egal ob intrinsisch oder extrinsisch motiviert,
wird anhand eines Kurzfragebogens ein etwa einstündiges Motivations-
und Auswahlgespräch geführt. Dieses Gespräch verfolgt mehrere Ziele.

Zum einen muss abgeklärt werden, ob es sich wirklich um häusliche Gewalt handelt, denn auch andere Gewalttäter, z. B. Kneipenschläger, suchen hin und wieder um Hilfe nach, da es ein spezielles Training für sie im Raum Lüneburg nicht gibt, es sei denn sie werden in der Forensik untergebracht. Ferner muss im Vorfeld des Trainings eine erste Einschätzung erfolgen, ob eine schwere Suchterkrankung oder eine schwere psychiatrische Störung vorliegt. Beide Erkrankungen sind ein Ausschlusskriterium für das Training. Eine schwere Suchterkrankung führt in der Regel dazu, dass das im Training Gelernte im Alltag nicht umgesetzt werden kann. Hier erfolgt dann die Empfehlung, zunächst eine abstinenzorientierte Suchtbehandlung durchzuführen, bevor dann das Training absolviert werden kann. Eine psychiatrische Störung, z. B. eine schizophrene Erkrankung, ist gleichfalls als Ausschlussdiagnose anzusehen. Da das Training selbsterfahrungsorientiert ist, kommt es zwangsläufig auch zu emotional belastenden Situationen. Verdrängte Emotionen werden wieder wachgerufen, freigesetzt und biografische Fehlentwicklungen werden zumindest ansatzweise aufgearbeitet. Menschen mit einer psychotischen Symptomatik haben in der Regel nicht die notwendige psychische Stabilität, um ihre Problematiken in einem ambulanten Setting zu bearbeiten. Auch wenn sie medikamentös gut eingestellt sind und die psychotische Erkrankung nicht mehr produktiv ist, also keine akustischen oder optischen Halluzinationen auftreten und paranoide Gedanken als solche erkannt werden und kontrollierbar erscheinen, ist eine Teilnahme am Training nicht ratsam. Wir haben es in einigen wenigen Fällen versucht und mussten feststellen, dass die Medikamente die Klienten einerseits stabilisierten, sie aber andererseits komplett von ihren Gefühlen abschnitten. Eine selbsterfahrungsorientierte Arbeit war somit so gut wie nicht möglich. Dies war für uns Gruppenleiter sehr ernüchternd, aber vor allem war es für die Klienten frustrierend, die durchaus registrierten, dass das Training sie nicht erreichte und sie mit den anderen Gruppenteilnehmern nicht mithalten konnten.

In der Regel offenbart die Eröffnungsszene des Auswahlgespräches schon sehr viel über den betreffenden Mann. Da gibt es diejenigen, die in aller Ausführlichkeit ihre Problematik erzählen, dabei vielfach abschweifen oder sich in Details zu verlieren drohen. Sie sind oft im Gespräch zu begrenzen, um das Auswahl- und Motivationsgespräch überhaupt in halbwegs angemessener Zeit durchführen zu können. Diese Form der Selbstpräsentation kann ein Symptom einer narzisstischen Problematik sein. Das Denken der Männer kreist vornehmlich um sie selbst und sie haben deutlich wahrnehmbare Schwierigkeiten, sich auf ihren Gesprächspartner zu konzentrieren. Der Gesprächsverlauf ist ähnelt mehr einem Mono- denn einem Dialog.

Während des Auswahl- und Motivationsgespräches wird schnell deutlich, ob der gewalttätige Mann die Verantwortung für seine Taten übernimmt oder ob er sich eher als Opfer empfindet und der von der Gewalt betroffenen Frau die Verantwortung für seine Übergriffe zuschiebt. In diesem Zusammenhang fällt vielfach die Äußerung, dass er eigentlich nicht gewalttätig sei, die Frau ihn aber provoziert hätte und er sich nur gewehrt habe. Diese kognitive Verzerrung, die die Verantwortung abwehrt, ist im Erstgespräch nicht ohne weiteres aufzulösen. Es ist schon viel gewonnen, wenn der Mann hinsichtlich der Bemerkung des Beraters, dass er trotz aller Provokation die Entscheidung getroffen hätte, zum Mittel der Gewalt zu greifen, nachdenklich wird. Oftmals lässt sich ein derartig strukturierter Mann aber nicht für das Training motivieren. Es sind in der Regel Männer, die eine Anzeige wegen häuslicher Gewalt bekommen haben und dann einer schriftlichen Einladung zum Gespräch folgten. Ihre Motivation zum Gespräch ist also kein Ersuchen um Unterstützung, sondern eher das einer Rechtfertigung. Sie wollen erklären, warum sie gewalttätig wurden und sehen sich selbst als das Opfer ungünstiger Umstände oder einer frechen und provokanten Ehefrau bzw. Partnerin. Hin und wieder folgt dann sogar die Frage an den Berater: „Was hätten Sie denn gemacht?" Hier geht es dann weniger um eine eingestandene Ratlosigkeit und demzufolge um das Ersuchen um einen Ratschlag als um den Versuch, den Berater in eine vermeintlich hilflose Position zu katapultieren, um von der eigenen, als schmachvoll empfundener Situation abzulenken.

Spannend ist die Frage, was bei ambivalent eingestellten Männern den Ausschlag bei der Entscheidung zur Teilnahme an dem Anti-Gewalt-Training gibt. Unserer Erfahrung nach ist es die Schilderung, im Zusammenhang mit der beschriebenen Tatrekonstruktion, dass gewalttätige Männer dieses Handeln nicht aus grundsätzlicher Schlechtigkeit an den Tag legen, sondern eher aus Hilflosigkeit die Machtkarte ziehen. Im Streitgespräch mit ihrer Partnerin fühlen sie sich oftmals unterlegen und Gefühle von Hilflosigkeit und Ohnmacht tauchen auf, da sie nicht mehr wissen, wie sie sich verständlich machen sollen. Diese Gefühle sind schwer auszuhalten und werden schlagartig verändert, wenn der betreffende Mann verbal Drohungen ausspricht oder gar zuschlägt. Emotional wird dies zunächst als Erleichterung empfunden, auch wenn vielfach später Schuldgefühle und Selbstvorwürfe nachfolgen. An diesem Punkt fühlen sich viele Männer oft zutiefst verstanden. Und sie können sich mittels dieser Schilderung ihr eigenes Verhalten ein Stück weit erklären. Damit können sie es in der Praxis noch nicht verändern, aber es entlastet sie erst einmal und stellt oftmals einen ersten Schritt in Richtung Veränderung dar. Psychodynamisch betrachtet deutet sich hier möglicherweise eine archaische Selbstobjekt-Übertragung an. Das Verständnis durch den Gruppenleiter im Auswahl- und Motivationsgespräch scheint einem früh frustrierten Bedürfnis nach Anerkennung und Spiegelung zu entsprechen. Ferner scheint der Hinweis, dass unserer Erfahrung nach etwa 90% der gewalttätigen Männer in ihrer Kindheit selbst Opfer familiärer Gewalt waren, für viele Männer wichtig zu sein. Kindliche Gewalterfahrungen bedeuten in der Regel auch, dass nur unzureichend gelernt wurde die Befriedigung von Bedürfnissen auszuhandeln und gegebenenfalls Kompromisse zu schließen. Diese mangelnde Kompetenz zur Kommunikation fällt den Männern als Erwachsene im Umgang mit ihren Partnerinnen auf die

Füße. Dies ist den Männern in der Regel unmittelbar verständlich. Damit ist dann auch schon die Überleitung zu einem weiteren Themenblock im Anti-Gewalt-Training geschafft. Wir stellen dem interessierten Mann in Aussicht, dass er von uns wichtiges Wissen zum Thema Kommunikation zur Verfügung gestellt bekommt, dessen erfolgreiche Anwendung dazu beitragen kann die partnerschaftliche Kommunikation erheblich zu verbessern. Wir bringen also in dem Gespräch nicht nur Verständnis für erlittene Defizite auf, sondern vermitteln auch die Hoffnung, dass der Mann an sich und seinem Partnerschaftsproblem arbeiten kann. Vielfach ist in einem derartigen Auswahl- und Motivationsgespräch auch die Erleichterung spürbar, dass über Gewaltdelikte offen gesprochen werden kann, ohne dass Vorwürfe gemacht werden. Häufig wissen die Männer, dass ihr gewalttätiges Verhalten eher eine Bankrotterklärung denn ein Ausdruck besonderen Durchsetzungsvermögens ist. Die Bemerkung, dass Gewalt eines in der Regel stärkeren Mannes gegenüber einer Frau nun wahrlich keine Heldentat sei, derer man sich rühmen kann, sondern eher Peinlichkeitsgefühle mobilisiere, erfährt in der Regel stumme Zustimmung durch Kopfnicken.

Das Training erfordert eine relativ differenzierte Sprachkompetenz. Das heißt, Männer, deren Muttersprache nicht das Deutsche ist, müssen dahingehend überprüft werden, ob sie dem Training überhaupt folgen können. Es macht natürlich wenig Sinn, wenn der Teilnehmer den dargebotenen Stoff teilweise nicht versteht oder die Nuancen seiner Emotionalität nicht auf Deutsch kommunizieren kann.

Während des Auswahl- und Motivationsgespräches werden die Inhalte und Spielregeln des Trainings in groben Zügen dargestellt. Dabei werden Informationen über den Personenkreis vermittelt und es wird in diesem Zusammenhang auch dargestellt, was von uns unter Gewalt zu verstehen ist. Dass auch entwertende verbale Umgangsformen Gewalt darstellen, nämlich psychische, ist nicht jedem potentiellen Teilnehmer sofort verständlich. Auch ein sich demonstratives Aufbauen vor der Partnerin, dass dann von dieser als bedrohlich empfunden wird, kann als eine Form von Gewalt verstanden werden, auch wenn keine konkrete Drohung ausgesprochen oder nonverbal durch Handzeichen angedeutet wurde.

Da das Training überwiegend aus Mitteln des niedersächsischen Sozialministeriums finanziert wird, sind wir seit 2012 gehalten im Sinne eines proaktiven Ansatzes alle Männer zu kontaktieren, die in den Landkreisen Lüneburg, Uelzen und Lüchow-Dannenberg eine Anzeige wegen häuslicher Gewalt erhalten hatten. Diese Anzeige wird uns per verschlüsselter Mail übermittelt. Wir nehmen dann schriftlich Kontakt zu den Männern auf und laden Sie zu einem Infogespräch in die extra eingerichtete Sprechstunde für Täter und Tatverdächtige in die Ehe- und Lebensberatungsstelle in Lüneburg ein. Manche der Angeschriebenen antworten, indem sie uns anrufen oder schreiben, um uns mitzuteilen, dass sie nicht gewalttätig seien, eventuell wird noch erwähnt, dass alles ein Irrtum sei. Die Verleugnung der eigenen Verantwortlichkeit kann aber auch noch eine andere Form annehmen, wie die nachfolgend zitierte E-Mail belegt. Sie wird hier in der Originalschreibweise zitiert:

„Sehr geehrte Damen und Herren, in ihrem(sic!) Schreiben vom 23.10.2018 empfehlen sie mir ein ANtiAggressionsTraining , leider muss ich ihren) Termin am 02.11.18 absagen da ein Anti Aggressions Training für mich aufgrund einer Neurologischen Krankeit kein Erfolg bringt da Aggressionen eine Symptomatik meiner Krankheit sind bin ich Auch bereits in Psychiatrischer Behandlung im PK Lüneburg.“

Die Erkenntnis, dass die Auslösung aggressiver Impulse, auch wenn ihnen eine neurologische Basis zugrunde liegt, das Ergebnis eines menschlichen Interaktionsprozesses ist, liegt hier augenscheinlich nicht vor. In den Jahren 2013-2017 wurden uns zwischen 150 und 180 Anzeigen zugesandt. Etwa 15-20% der eingeladenen Tatverdächtigen leisteten der Einladung

Folge und kamen zu dem Gespräch. Und von den Gesprächsteilnehmern ließ sich wiederum nur ein Teil der Männer zur Teilnahme an dem Training motivieren.

Auswahl- und Motivationsgespräche zu führen ist sehr zeitaufwendig, da viele Männer die anberaumten Termine nicht wahrnehmen, einfach wegbleiben oder aber, im besten Falle, absagen und um einen erneuten Gesprächstermin bitten. Dies wird an den Zahlen im Jahre 2017 exemplarisch deutlich. Wir vereinbarten 59 Auswahl- und Motivationsgespräche, von denen 45 wahrgenommen wurden. Für das Anti-Gewalt-Training zugelassen wurden 20 Männer, von denen wiederum sechs Männer das Training letztendlich nicht antraten. Deren Gründe sind uns nicht bekannt. Offensichtlich war ihre Motivation bis zum Trainingsbeginn, in der Regel nur wenige Wochen, zwischenzeitlich zusammengebrochen. In 13 Fällen konnten wir die zum Gespräch erschienen Männer nicht zur Teilnahme an dem Anti-Gewalt-Training motivieren. In zwölf weiteren Fällen kamen die interessierten Männer aus unserer Sicht nicht für das Training in Frage, unter anderem wegen einer massiven Suchterkrankung oder wegen mangelnder psychischer Stabilität.

4.4 Gruppenleiter

Die nachfolgend aufgeführten formalen Qualifikationen beschreiben den Qualifizierungsgrad der Trainer im Jahre 2018.

Sascha Freitag, Jg. 1981, KFZ-Mechaniker, Sozialpädagoge B.A., Mitarbeiter der Fachstelle für Sucht und Suchtprävention in Lüneburg. Weiterbildung in gestaltorientierter Suchttherapie.

Albrecht v. Bülow, Jg. 1960, Dipl. Sozialpädagoge, Evangelischer Leiter der Ökumenischen Ehe- und Lebensberatungsstelle Lüneburg und Mitarbeiter in der Fachstelle für Sucht und Suchtprävention in Lüneburg. Weiterbildungen in Gestalttherapie, Psychoonkologie, Suchttherapie, Ehe-/Lebens-/Erziehungs-/ Schwangerschaftskonfliktberatung und Eye Movement Desensitization and Reprocessing (EMDR).

Neben den durch Studium und Weiterbildung erlangten formalen Qualifikationen erscheint eine bestimmte therapeutische Haltung den Klienten gegenüber sehr hilfreich. Dies ist die Annahme, dass deren Verhalten für sie subjektiv sinnvoll ist, egal wie (selbst-)schädigend es für den Betrachter auch erscheinen mag. Die Klienten tun das für sie zu diesem Zeitpunkt Bestmögliche, auch wenn es absurd oder auch ablehnenswert erscheint. Um sie zu verstehen, ist es hilfreich, sich mit ihnen vorübergehend zu identifizieren. Dabei ist natürlich der Gefahr zu begegnen, in der Identifikation stecken zu bleiben und dies nicht einmal zu merken. Allerdings bleibt diese Gefahr in der Praxis vielfach gering, da das gewalttätige Verhalten der Männer teilweise Ablehnung und inneres Entsetzen produziert. Wenn man zum Beispiel im Gespräch mit einem Mann erfährt, dass dieser seiner schwangeren Partnerin im Streit in den Bauch getreten hat, dann reagieren hier offenbar Spiegelneurone, denn es krampft sich alles im Magen zusammen und eine Gefühlsmischung aus Angst und Entsetzen schießt hoch. Trotz allem gilt es Ruhe zu bewahren, tief durchzuatmen und das Gespräch fortzusetzen, was in dem Moment erheblicher Anstrengungen bedarf. Ähnlich geht es hin und wieder in der Gruppenarbeit zu, wenn starke Gefühlswallungen auftauchen, aber vor allem, wenn Männer faschistoide Gedanken oder abfällige Äußerungen über andere Menschen, insbesondere Frauen, machen. Um dennoch handlungsfähig zu bleiben oder, bei Verlust der Handlungsfähigkeit, es schnellstmöglich wieder zu werden, ist aus unserer Sicht mindestens zweierlei erforderlich: Im kollegialen Austausch nach dem Training kann Entlastung gesucht und in der Regel auch gefunden werden und eine fundierte Supervision ist für diese Arbeit unumgänglich.

Um einen arbeitsfähigen inneren therapeutischen Abstand zu dem Klienten zu halten oder wiederzuerlangen ist es hilfreich, sich den heutigen Mann als kleinen Jungen vorzustellen. Was mag er erlebt haben, welche Ängste hatte er durchzustehen und welche Unterstützung Erwachsener wurde ihm zuteil? Das Studium entsprechender Fachliteratur (Biddulph 2002, Gottschalch 1997, Heilmann-Geideck/Schmidt 1996, Schnack/Neutzling 2001) bereichert diesen Prozess. Diese kleine gedankliche Vorstellung, die sich bei einiger Übung blitzschnell während der Gruppenarbeit abrufen lässt, schafft Gelassenheit, aber auch Klarheit und Mitgefühl. Erfahrungsgemäß sind dies die Qualitäten, an denen es den Männern in ihrer Kindheit und Jugend gemangelt hat. Hier bedarf es einer Nachreifung.

4.5 Gruppensitzungen

Das Training wird jeweils freitags in der Zeit von 15 bis 17 Uhr in den Räumen der Fachstelle für Sucht und Suchtprävention (Drobs) durchgeführt. Die Gruppe findet ganzjährig statt. Lediglich an gesetzlichen Feiertagen wie z. B. Karfreitag, Weihnachten oder Neujahr ruht die Arbeit. Die Gruppe ist eine offene Gruppe, d. h. ein Einstieg ist jederzeit möglich. Diese Vorgehensweise bietet den Vorteil, dass der Teilnehmer nicht mit einer Wartezeit zu rechnen hat, bis er in das Training einsteigen kann. Diese Arbeitsweise wurde im Laufe der Zeit entwickelt. Begonnen hatte das Training 2008 mit einer geschlossenen Gruppe, die über sechs Monate miteinander arbeitete. Diese Arbeitsweise hatte unbestreitbar den Vorteil, dass so ein relativ hoher Gruppenzusammenhalt stattfand. Allerdings bestanden auch erhebliche Nachteile, die uns veranlassten, das Vorgehen zu verändern. Wer mehrfach fehlte, musste die Gruppe verlassen, so dass diese über die Monate immer kleiner wurde. Interessenten mussten teilweise mehrere Monate warten, bis sie in die Gruppe einsteigen konnten. Diese damals unvermeidliche Wartezeit hat viele Interessenten überfordert, so dass sie doch nicht in das Training eingestiegen sind. Das heutige Vorgehen vermeidet den Ausschluss von Teilnehmern wegen häufigen Fehlens weitgehend. Versäumte Sitzungen werden hinten angehängt, so dass manche Teilnehmer bis zu einem Jahr in der Gruppe sind. Nichtsdestotrotz wird mit ihnen das häufige Fehlen auch thematisiert und eine regelmäßigere Gruppenteilnahme eingefordert, da die Fehlzeiten zu Lasten des Gruppenkontaktes gehen.

Das Training beinhaltet regulär 26 zweistündige Gruppensitzungen. Berücksichtigt man Brücken- und Feiertage, so sind die Teilnehmer mindestens sieben Monate im Programm, wenn kein Fehlen wegen Krankheit oder Urlaub erfolgt. Für viele Männer dauert das Training aber wegen Fehlzeiten länger. Dabei ist zu berücksichtigen, dass es für viele Männer ungewohnt ist, sich auf eine Gruppenteilnahme von sechs Monaten und mehr festzulegen. Dies kennen viele allenfalls von der Berufstätigkeit. Ansonsten neigen viele Männer nicht dazu, sich derart verbindlich festzulegen, zumal für einen Beratungs- oder Therapieprozess. Gleichzeitig haben viele gewalttätige Männer es aber dringend nötig, an sich zu arbeiten. Wenn man zudem noch davon ausgeht, dass etliche Teilnehmer erhebliche psychische Störungen aufweisen, wird klar, dass 26 Gruppensitzungen eher ein Minimalprogramm darstellen. Notwendig wäre häufig ein Vielfaches an Gruppensitzungen. Dieses können wir allerdings nicht bieten und kollidiert häufig auch mit dem Zeit- und Planungshorizont der Teilnehmer. Das ist ein echtes Dilemma. Es ist schon viel gewonnen, wenn der ein oder andere Teilnehmer unseres Anti-Gewalt-Trainings für sich zu der Erkenntnis kommt, dass er eine Einzeltherapie aufnehmen möchte, um weiter an seinen psychischen Schwierigkeiten zu arbeiten.

Zu Beginn tragen sich die Teilnehmer in eine Anwesenheitsliste ein. Am Ende der Gruppensitzung erfolgt die Entgegennahme des Teilnehmerbeitrages. Dies sind regulär 15€ für Normalverdiener und 5€ für Arbeitslose und Geringverdiener. Gleichzeitig können die Teilnehmer sich ihre Gruppenteilnahme auch durch Datum und Unterschrift im Teilnehmerpass bestätigen lassen. Auf diese Weise haben sie selbst immer einen Überblick über die besuchten Gruppensitzungen und gleichzeitig können sie gegenüber misstrauischen Partnerinnen ihre Gruppenteilnahme dokumentieren.

Nach der ersten Gruppensitzung unterschreiben die neuen Teilnehmer den Gruppenvertrag, der im Wesentlichen Organisatorisches regelt. In ihm ist u. a. festgelegt, dass die Gruppenteilnahme im nüchternen Zustand erfolgt. Über alle in den Gruppensitzungen bekanntgewordenen Details herrscht Schweigepflicht. Für die Tatrekonstruktion wird vorab eine schriftliche Tatbeschreibung eingereicht, anhand derer die Gruppenleiter die Tatrekonstruktion vorbereiten. Zu diesem Zeitpunkt werden auch die notwendigen Schweigepflichtentbindungen unterschrieben. Dies ist zum einen die Schweigepflichtentbindung gegenüber der Partnerin. Auf dieser Grundlage wird der Partnerin schriftlich die Aufnahme ihres Partners ins Anti-Gewalt-Training mitgeteilt, ebenso das Ende, sei es der planmäßige Abschluss, der Abbruch durch den betroffenen Mann oder den Ausschluss durch die Gruppenleiter. Wir wollen so erreichen, dass die durch die Gewalt ihres Partners betroffenen Frauen unabhängig von den etwaigen Mitteilungen der Männer informiert sind, um sich notfalls schützen zu können.

Soweit das Training aufgrund einer Gerichtsauflage oder aufgrund von § 153a Strafprozessordnung (absehen von der Verfolgung unter Auflagen und Weisungen) zustande kommt, bedarf es einer Schweigepflichtentbindung gegenüber dem Gericht und der Staatsanwaltschaft. Wird einem Tatverdächtigen von der Staatsanwaltschaft das Training auf der genannten Grundlage angeboten und er stimmt dem zu, so ist damit automatisch eine Schweigepflichtentbindung zwischen den Gruppenleitern des Trainings und der Staatsanwaltschaft verbunden. Diese Schweigepflichtentbindung schafft die Möglichkeit der Staatsanwaltschaft den Beginn und die Modalitäten der Beendigung des Trainings mitzuteilen. Ebenso wird Auskunft über die Zahl der wahrgenommenen Termine und die Höhe der gezahlten Teilnehmerbeiträge gewährt. Eine Weitergabe von Inhalten aus dem Training ist mit dieser Schweigepflichtentbindung nicht verbunden. Es erfolgt auch keine qualifizierte Einschätzung über das von dem Absolventen ausgehende Gefährdungspotential. Es geht also um formale, nicht um inhaltliche Details des Trainings.

Im Falle der Verhinderung erwarten wir eine telefonische Benachrichtigung. Wiederholtes unentschuldigtes Fehlen wird von unserer Seite gemeinsam mit dem Teilnehmer thematisiert. Sollten sich hier keine Veränderungen im Teilnahmeverhalten zeigen, erfolgt gegebenenfalls der Ausschluss aus dem Anti-Gewalt-Training. Aber auch die gehäufte Entschuldigung durch diverse Gründe kann als mangelndes Interesse eingeschätzt werden und zum Ausschluss aus dem Training führen.

Nach Abschluss des Trainings stellen wir den Teilnehmern, sofern von ihnen gewünscht, eine Teilnahmebescheinigung über die wahrgenommenen Termine aus.

4.6 Gruppenthemen

Die Gruppenthemen werden teilweise durch einzelne Teilnehmer gesetzt, indem diese in der Eingangsrunde offen oder auch verdeckt signalisieren, dass sie in der zurückliegenden Woche massive häusliche Konflikte erlebt haben, die das häusliche Zusammenleben zu sprengen drohten. Diese Themen werden von uns aufgegriffen, wenn wir den Eindruck haben, dass eine fehlende Bearbeitung des Problems mit hoher Wahrscheinlichkeit zu einer häuslichen Eskalation führen könnte. Je nach Ausmaß der geschilderten Problemlage kann deren Bearbeitung 30 Minuten umfassen oder aber auch die gesamte zweistündige Gruppensitzung in Anspruch nehmen. Ist die Intervention nur von sehr begrenzter Dauer, setzen wir die Gruppenarbeit dann mit einem von uns vorgeschlagenen Thema fort. Diese Vorgehensweise hat aber nicht nur das Ziel, eine Konflikteskalation jenseits des Gruppengeschehens zu vermeiden, sondern sie beabsichtigt überhaupt Arbeitsfähigkeit für die aktuelle Gruppensitzung herzustellen. Erfahrungsgemäß können sich die Teilnehmer kaum oder nur sehr schlecht auf unsere gesetzten Themen und Übungen einlassen, wenn sie emotional und gedanklich noch in ihren häuslichen Konflikten verhaftet sind.

Die Gruppenthemen sind folgenden Bereichen zugeordnet: Kennenlernen, Empathie, Vertrauen, Nähe und Distanz, Konflikte, innere Glaubenssätze, Tatrekonstruktion, Umgang mit Wut, Aggressionslebenslauf, Gewaltkreislauf, Ohnmacht, Kommunikation, Abschied, Perspektiven. Mit diesen von uns eingebrachten Gruppenthemen wollen wir Unterschiedliches erreichen. Die betroffenen Männer leben überwiegend in Paarbeziehungen. Teilweise leben sie mit der Frau zusammen, der gegenüber sie gewalttätig waren oder mit der nächsten Partnerin. Teilweise leben sie auch ohne Partnerin, gehen aber davon aus, dass sie zukünftig wieder eine Partnerschaft eingehen werden. Allein aus diesem Tatbestand heraus erscheint es wichtig, das Thema Kommunikation aufzugreifen. Auch Themen wie Vertrauen, Konflikte, Nähe und Distanz kommen in jeder Partnerschaft – egal ob Gewalt eine Rolle gespielt hat oder nicht – eine besondere Bedeutung zu. Da wir, wie oben dargelegt, davon ausgehen, dass narzisstische Akzentuierungen der Persönlichkeit bis hin zu manifesten narzisstischen Persönlichkeitsstörungen vielfach die Psyche der gewalttätigen Männer prägen, dürfen Themen wie Empathie, Umgang mit Wut und Gefühlen von Ohnmacht nicht fehlen. Narzisstisch strukturierte Gewalttäter verfügen in der Regel nur über eingeschränkte Fähigkeiten zu Empathie, bei gleichzeitiger Tendenz zu ausgeprägten Wutgefühlen, die sie häufig nur sehr schwer steuern können. Anhand des

Aggressionslebenslaufs versuchen wir, uns einen Überblick über die Gewalterfahrungen als Opfer wie als Täter zu verschaffen. Die bildhafte Darstellung der eigenen biografischen Erfahrungen und die daran anschließende Besprechung in der Gruppe führen oftmals zu Gefühlen der Entlastung und erhöhen das Verständnis für die eigene Lebensgeschichte. Empathie wird hier am eigenen Beispiel trainiert. Zudem erhöht diese Übung deutlich den Gruppenzusammenhalt. Der einzelne Teilnehmer kann eigene Erfahrungen nochmals anders gewichten, wenn er hört und sieht, welche Erlebnisse die anderen Teilnehmer zu verarbeiten hatten. Die Auseinandersetzung mit dem Gewaltkreislauf, d. h. dem Zusammenspiel von Opfer und Täter im Rahmen wiederholter Gewalttaten nimmt auch die Rolle der Partnerin in den Blick, ohne den Mann aus der Verantwortung für seine Gewalttaten zu entlassen. Hier blicken wir auf zehn Jahre guter Zusammenarbeit mit der Präventionsbeauftragten der Polizei, Eleonore Tatge, zurück. Wenn sich das Training für Teilnehmer dem Ende nähert, geht es um die Erfahrung mit Abschieden im Leben. Die überwiegende Zahl der Teilnehmer hat hier wenig gute bis traumatische Erfahrungen gemacht. Oftmals sind wichtige Bezugspersonen durch Trennung oder Tod dem Teilnehmer schon in jungen Jahren verloren gegangen, ohne dass diese Erfahrungen durch andere Bezugspersonen kompensiert werden konnten. Hinter der Trauer steckt vielfach Wut, aber auch die umgekehrte Reihenfolge ist manchmal zu finden. Und nicht zuletzt beschäftigen wir uns in der Gruppe auch mit dem Thema Perspektiven. Was muss ich zukünftig anders machen, um Gewalt zu vermeiden? Wie kann ich weiter an meinen psychischen Problemen arbeiten?

4.7 Methoden

Die psychoanalytischen Konzepte der Narzissmustheorie sind unserer Erfahrung nach besonders geeignet, um das Phänomen der häuslichen Gewalt aus psychologischer Perspektive zu erklären. Damit wollen wir nicht in Abrede stellen, dass es nicht noch andere psychologische, soziologische und kommunikative Erklärungsmuster gibt, die wesentliche Bausteine zum Verständnis dieses sozialen Problems liefern. Sie können hier nur erwähnt aber nicht ausführlicher dargestellt werden.

Bei der Frage, wie wir die genannten Gruppenthemen aufgreifen bzw. therapeutisch nutzbar machen, verlassen wir das psychoanalytische Vorgehen. Dies geschieht aus verschiedenen Gründen. Der erste Grund ist banal: Wir verfügen über keine psychoanalytische Gruppentherapieausbildung. Aufgrund seiner psychoanalytisch fundierten Weiterbildung zum Ehe-, Lebens-, und Erziehungsberater ist dem Autor dieses Textes das tiefenpsychologische Vorgehen, auch in der Gruppe, zwar nicht unbekannt (Vgl. König/Lindner 1992, Richter 1984, Schmidbauer 1992), aber diese rudimentären Kenntnisse reichen nicht für eine entsprechende Gruppentherapie. Des Weiteren sind es vor allem aber die Klienten, die uns zu einem anderen therapeutischen Vorgehen animiert haben. Therapeutisches Handeln sollte unseres Erachtens berücksichtigen, dass der Mensch Vieles durch Reflektion begreifen und bewältigen kann. Der Mensch ist aber auch ein phantasiebegabtes Wesen und das magische Denken ist uns auch als Erwachsenen nicht völlig fremd, auch wenn es im Vergleich zum Intellekt nicht hoch im Kurs steht. Und nicht zuletzt sind wir als Menschen emotionale und körperverhaftete Wesen. Alle diese Dimensionen des Menschseins und damit auch des Wachstums und der Veränderung müssen im Rahmen eines Anti-Gewalt-Trainings berücksichtigt werden.

Das bedeutet, wir verwenden Interventionen aus der kognitiven Verhaltenstherapie (Vgl. McKay/Fannig 2010), der Kommunikationstheorie (Vgl. Schulz von Thun 2011), der systemischen Familientherapie (Vgl. Hellinger 1996, Höppner 2001, Moskau/Müller 1995) und dem NLP (Vgl. Andreas/Faulkner 2012, Mohl 2013). Gleichzeitig arbeiten wir mit Übungen aus der Gestalttherapie bzw. Integrativen Therapie (Vgl. Fuhr et al. 1999,

Polster/Polster 1987, Rahm et al. 1993), der tiefenpsychologischen Körpertherapie (Vgl. Lowen 1984, Lowen 1986, Lowen 1992, Mittermair 1992, Reich 1981) und der Hypnose (Vgl. Panholzer 2008, Schütz 2009, Schwegler 2014). Wir verwenden Elemente aus der Transaktionsanalyse (Vgl. Berne 1988, Berne 1990, Berne 2005, Gerhold 2008, Harris 1980, Harris/Harris 1985) und der tiefenpsychologischen Imagination bzw. Traumatherapie (Vgl. Abram 2017, Huber 2005, Kast 1988, Kretschmann 2000, Reddemann 2012). Gleichzeitig verwenden wir auch kreative Medien und lassen die Klienten Vieles zeichnerisch darstellen. Damit erreichen wir, dass Manches, was dem Verbalen nicht zugänglich und eher dem Atmosphärischen zugehörig ist, ausgedrückt werden kann. Immer wieder treffen wir auf Männer, deren Verbalisierungsfähigkeit sehr begrenzt ist, die ihr Innenleben aber erstaunlich gut malerisch darstellen können. Nachdem wir zu Beginn einer entsprechenden Intervention darauf verwiesen haben, dass wir nicht auf die Anfertigung von Kunstwerken zielen, sind in der Regel alle bereit, sich auch mittels Papier und Stiften auszudrücken. Nur in ganz seltenen Fällen ist es hier in den letzten zehn Jahren zu einer Verweigerung gekommen.

Die Darstellung einzelner Interventionen und die Beschreibung ihrer Ergebnisse, aber auch die Schwierigkeiten ihrer Anwendung, können hier aus Platzgründen nicht erfolgen. Dies muss gegebenenfalls einer weiteren Publikation vorbehalten sein.

4.8 Tatrekonstruktion

Die Tatrekonstruktion ist ein zentraler Baustein des Anti-Gewalt-Trainings. Dabei wird davon ausgegangen, dass sich Konflikte in einer Partnerschaft grundsätzlich nicht vermeiden lassen und oftmals immer wieder die gleichen Themen Anlass zum Streit geben. Eine gewalttätige Handlungsweise zur Konfliktlösung wird in der Regel dann ergriffen, wenn der beteiligte Mann keine anderen Handlungsmöglichkeiten mehr für sich sieht, um im Konflikt sein Selbstwertgefühl aufrechtzuerhalten. Die Tatrekonstruktion verfolgt das Ziel, dem Mann weitere gewaltfreie Handlungsoptionen zur Konfliktlösung aufzuzeigen. Damit ist die Hoffnung verbunden, dass er sich an diese im erneuten Konfliktfall erinnern und zur Anwendung bringen kann. Mit anderen Worten geht es darum, aus einem Kreislauf von Gewalt auszusteigen. Sofern der Betreffende seine Wahrnehmungs-, Interpretations- und Handlungsmöglichkeiten nicht erweitert, ist er dazu gezwungen, leidvolle Erfahrungen für sich und seine Partnerin zu wiederholen. Diese Dynamik ist vielen Männern offenbar bekannt, denn sie nicken zumeist zustimmend, wenn diese Prozesse kurz beschrieben werden. Da gewalttätiges Verhalten vielfach kein singuläres Ereignis ist, haben viele Täter die Erfahrung gemacht, dass sie entgegen ihrer guten Vorsätze doch wieder gewalttätig wurden, sich nicht ausreichend steuern konnten. Die Erkenntnis, sich nicht selbst kontrollieren zu können, ist für viele Männer schwer auszuhalten. Für manche ist es gar eine Kränkung. Wiederum andere sind bestürzt darüber, dass ihre Macht- und Hilflosigkeit, kompensiert durch Gewalt, Schmerz und Verletzung für ihre Partnerinnen bedeutet hat. Manche Männer sind geradezu entsetzt über sich selbst und ihr gewalttätiges Verhalten.

Zur Vorbereitung der Tatrekonstruktion ist der Teilnehmer angehalten, ihm vorliegende Unterlagen (Anzeigen, Gerichtsurteile, Gutachten) den Gruppenleitern zur Kenntnis zu geben. Gleichzeitig muss er eine selbstgeschriebene Darlegung des Tatgeschehens liefern. Diese sollte nicht mehr als ein bis zwei DIN A4 Seiten umfassen. Als Hilfestellung für die Abfassung der Tatbeschreibung erhalten die Teilnehmer auf Wunsch einen Leitfaden zur Orientierung.

Die eigentliche Tatrekonstruktion umfasst eine Gruppensitzung. Da es hier um die Konfrontierung mit der begangenen Tat und die Entwicklung alternativer Handlungsmuster geht, darf die Tatrekonstruktion nicht zu früh erfolgen, da sonst mit zu viel Widerstand zu rechnen ist. Es hat sich als ratsam erwiesen, die Tatrekonstruktion etwa nach der zehnten Sitzung zu beginnen. Der Teilnehmer hat dann schon einiges über sich und vor allem über die Arbeitsweise in der Gruppe gelernt. Dies wirkt entängstigend. Von Vorteil ist ferner, dass der Teilnehmer dann mit hoher Wahrscheinlichkeit als Beobachter schon eine Tatrekonstruktion erlebt hat, da die Männer zu unterschiedlichen Zeitpunkten das Training begonnen haben und demzufolge zu verschiedenen Zeitpunkten ihre Tatrekonstruktion absolvieren.

Methodisch kommen bei der Tatrekonstruktion je nach Vorfall, Ablauf und Problemlage unterschiedliche Interventionen zum Einsatz. Dies können Gestalttechniken wie z. B. die Arbeit mit dem leeren Stuhl sein. Es können aber auch Interventionen aus der Familientherapie sein wie Statuenarbeit, Aufstellungen oder das Reflecting Team. Weiter können Rollenspiele oder die Arbeit mit Persönlichkeitsanteilen Berücksichtigung finden. Als sehr effektiv hat sich auch die aus dem Neurolinguistischen Programmieren (NLP) stammende Technik der Arbeit mit Bodenankern erwiesen. Der methodischen Kreativität sind hier kaum Grenzen gesetzt, allenfalls durch die therapeutische Kompetenz der Gruppenleiter.

Die Tatrekonstruktion wird eingeleitet, indem einer der Gruppenleiter die Tatbeschreibung vorliest. Danach besteht die Möglichkeit, Verständnisfragen zu stellen. Sind die offenen Fragen beantwortet, beginnt die eigentliche Tatrekonstruktion. Hier ist nun ein Beispiel zur Illustration aus dem Jahre 2015. Der Mann, Herr A., war Mitte Dreißig, gelernter Altenpfleger und befand sich seinerzeit im fortgeschrittenen Studium eines sozialwissenschaftlichen Faches. Die Namen seiner Partnerin und seiner Töchter wurden geändert. Der Text in den Klammern beinhaltet Erläuterungen von Herrn A.

> „Weil ich mich nicht mehr so gut an jenen Tag im Frühling   2014 erinnern kann, fragte ich meine Freundin

Bärbel, was geschehen ist: „Wir wollten irgendwo hin-
fahren oder einfach nur rausgehen. Auf jeden Fall standen wir zu viert fertig (Luzi, Jana, Bärbel und ich) ... Und
die Kinder haben keinen Mucks gesagt, als ich mit dir gesprochen habe und als ich Antworten von dir wollte... Du
hattest, glaube ich, Luzi auf dem Bauch (im Tragetuch).
Und ich wollte eine Antwort von dir. Und da hast du
mich angefallen wie ein wildes Tier. Und Jana stand zwischen uns und Luzi stand zwischen uns. Du hast mich an
die Wand gepresst. Und das alles in unserem Fünf-
Quadratmeter-Flur, der total zugemüllt war. Mein Gefühl ist: Hätte ich nicht nachgegeben, hättest du auch
nicht nachgeben. Ich habe das Gefühl: Ich habe die Situation aufgelöst, indem ich nachgegeben habe", erzählt
Bärbel. „ Wie spät war es?", frage ich. „Es muss vormit-
tags gewesen sein." Ich: „Was ist vorher geschehen an
jenem Tag?" Bärbel: „Am Morgen davor wollte ich auch
schon immer Antworten von dir: Warum du nichts im
Haushalt machst und ich alles machen muss, warum du
meine Arbeit zunichtemachst, meine Tagesstruktur, die
ich mit den Kindern aufgebaut habe. (Es geht vor allem
um die konsequente Mittagsruhe, die ich nicht umsetzen konnte/wollte, wie sie es sich gewünscht hatte,
wenn ich mit Luzi und Jana zu Hause bin.) „Ich fragte
dich: Warum sind wir kein Team? Der Haushalt. Immer
die gleichen Sachen... In dieser Zeit war es so, dass du
mir öfter mal die Faust ins Gesicht gedrückt hast, mich
öfter mal geboxt hast." Ich: „Was ist danach geschehen?" Bärbel: „Da bin ich rausgegangen, einfach losge-
gangen. Ich habe keine Sachen, nur meinen Schlüssel
mitgenommen und bin einfach rausgegangen. Und nach
einer Stunde haben wir uns zu Hause wieder getroffen.
Wollten wir schwimmen gehen? Wir sind doch nicht

104

mehr schwimmen gegangen an dem Tag. Danach war es jedenfalls so, als wäre nichts geschehen." Das waren Bärbels Ausführungen. Wir waren an dem Tag tatsächlich noch zu viert im Hallenschwimmbad, im „Salü".

40 Nachdem ich Bärbel mit meiner Faust ans Kinn oder jedenfalls ins Gesicht geschlagen hatte, hat sie sich spontan ihr ihr Schlüsselbund genommen und die Wohnung verlassen. Ich stand geschockt mit Luzi und Jana im Flur und entschloss mich, mit den beiden rauszugehen. Wir

45 waren auf dem Spielplatz oder auf der Wiese am Teich. Als wir nach einiger Zeit zurück nach Hause kamen, war Bärbel noch nicht wieder da, glaube ich. Ich nahm den Rucksack mit den Badesachsen und wollte gerade los
. mit den beiden zum Schwimmbad. (Morgens an jenem

50 Tag hatte ich überhaupt gar keine Lust auf Schwimmbad. Ich wollte nur Bärbel zuliebe mitkommen, meine ich. Jetzt aber war es geplant und Luzi und Jana wollten dorthin.) Ich erinnere mich, dass wir in diesem Moment Bärbel trafen und sie uns fragte, wo wir hinwollten. Ich

55 sagte ihr, dass wir ins Schwimmbad wollten. Sie kam mit. Dort angekommen, tollte sie mit Jana und Luzi im Wasser lebendig umher. Ich war froh darüber, dass Bärbel wieder zurückgekommen war. Ein Schreck saß mir jedoch immer noch in den Gliedern und innerlich war

60 ich ziemlich betrübt."

Der gewalttätige Übergriff war dem Mann sehr unangenehm, er konnte sich sein Zustandekommen nicht erklären und die Erinnerung daran war an bestimmten Punkten nur sehr lückenhaft, so dass er einerseits auf den Leitfaden zur schriftlichen Darstellung zurückgriff und andererseits seine Partnerin bat, sich an den Vorfall zu erinnern. Damit wird natürlich ein

Stück der Arbeit an die Frau delegiert und er übernimmt dadurch möglicherweise ein Stück weit ihre Sicht auf den Vorfall. Unserer Erfahrung nach ist diese Vorgehensweise aber in Kauf zu nehmen, da dadurch die Tat aus der Verdrängung geholt wird und es gleichzeitig zu einem Gespräch über den gewalttätigen Übergriff kommt. Dies ist umso bedeutsamer, da das Paar danach nicht mehr über den Vorfall gesprochen hatte.

Um dem betroffenen Mann ein Verständnis der Prozesse zwischen seiner Partnerin und ihm zu ermöglichen, bot sich die Arbeit mit Persönlichkeitsanteilen (Vgl. Berne 2015) an. In Zeile 6 deutete sich an, dass Bärbel aus dem »kritischen Eltern-Ich« mit Herrn A. gesprochen hatte. Dies war an dem Tag auch schon morgens der Fall gewesen, wie der Zeile 17ff zu entnehmen ist. Herr A. fühlte sich an diesem Punkt wie ein Kind autoritär zurechtgewiesen und rutschte in das »rebellische Kind-Ich«. Eine Überprüfung und sachliche Auseinandersetzung über die von seiner Partnerin geäußerte Kritik war damit nicht mehr möglich. Emotional ist diese Position schwer auszuhalten, da sie einerseits starke Wutimpulse mobilisiert, die ihrerseits schwer zu kontrollieren sind und andererseits Gefühle von Hilflosigkeit hervorruft, die ebenfalls nicht leicht und über längere Zeit ertragbar sind. Der gewalttätige Übergriff katapultiert den Mann rasch in eine körperlich überlegene Position, die sich als autoritär und gewalttätiges »kritisches Eltern-Ich« verstehen lässt, während die Partnerin ihrerseits gezwungen wird, ihre bisherige Position aufzugeben. Die Äußerungen in Zeile 14ff sprechen dafür, dass es der Frau aber möglich war, aus einer abwägenden Position des rationalen »Erwachsenen-Ichs« zu entscheiden, dass es besser sei, angesichts der Gewalt nachzugeben und die Situation zu verlassen. Denkbar wäre auch gewesen, dass die Frau in die Rolle des »angepassten Kindes« rutscht und massiv verängstigt reagiert. Ganz eindeutig ist ihre Reaktion in diesem Falle nicht, da es der betroffenen Frau auch mit Abstand nicht gelingt das Ereignis zu thematisieren und von ihrem Partner Konsequenzen zu fordern. Stattdessen wird gemeinsam über den Vorfall geschwiegen, wie Zeile 32f belegt. Soweit die Analyse des Tathergangs, die von Herrn A. geteilt werden konnte. Was war nun zu tun, um zukünftig eine derartige Eskalation zu vermeiden? Wir rieten Herrn A., gemeinsam mit seiner Partnerin Zwiegespräche nach L. Möller über ihre Partnerschaft zu führen und gaben ihm hierzu ein entsprechendes Arbeitspapier, das die grundlegenden Regeln dieser Gesprächsform auf wenigen Seiten zusammenfasst (Vgl. Möller 2006). Das Kernstück dieses Vorgehens besteht darin, dass jeder Partner einen zuvor festgelegten Zeitraum erhält, indem er seine Gedanken, Gefühle und Wünsche hinsichtlich der Partnerschaft ausdrückt, während der andere nur zuhört, aber nichts entgegnet oder unterbricht. Danach wird gewechselt und der andere Partner äußert seine Sicht auf die Partnerschaft und hat nun die Möglichkeit auf das zuvor Gesagte einzugehen. Danach wird nochmals gewechselt, um auch dem anderen die Möglichkeit zu geben, auf das zuvor Geäußerte zu reagieren. Herr A. äußerte zu Beginn, dass diese Form der Auseinandersetzung zwischen ihm und seiner Partnerin nur schleppend in Gang gekommen wäre. Allmählich hätten sie dann aber mehr Routine und Sicherheit mit dieser Gesprächsform entwickelt.

Hier kommt nun noch ein weiteres Beispiel für eine gelungene Tatrekonstruktion: Herr B. ist Facharbeiter, Mitte Dreißig, und seit rund 15 Jahren mit seiner Partnerin zusammen. Sie haben drei Kinder, zwei Mädchen im Alter von zehn und zwölf Jahren und einen zweieinhalbjährigen Sohn. Das Paar befand sich zuvor in einer Paarberatung der Ehe- und Lebensberatungsstelle. Im Zuge dieses Beratungsprozesses fällte Herr B. auf Anregung der Paarberaterin für sich die Entscheidung, dass er an dem Anti-Gewalt-Training teilnehmen wolle. Hier seine Tatbeschreibung:

> „Die Tat ereignete sich am Tag der Konfirmation meiner Cousine im April 2015. Eigentlich wollte ich gar nicht an der Familienfeier teilnehmen, ließ mich aber von meiner Frau dazu überreden.[1] Der Tag fing schon stressig in der Kirche an, da mein zweijähriger Sohn zum Unmut

5

meiner Kirchenbanknachbarn nicht leise bzw. still sitzen blieb, was mich sehr beunruhigte.[2] Anschließend trafen wir draußen auf den Rest meiner Familie, die unschwer am Qualm ihrer Zigarettensucht zu erkennen war, was mir ziemlich unangenehm war, da mein Vater gleich anfing, sich bei meiner Frau einzuschleimen.[3] Beim anschließenden Essen zuhause bei meiner Cousine, fing mein Vater schon wieder an, alles besser zu wissen und mich belehren zu wollen und sich ständig bei meiner Frau einzuschleimen und aus meiner Vergangenheit Dinge zu erzählen, die auf mich wirkten, als wenn er sich alles schöngeredet hätte. Auf meine Kommentare reagierte er nicht wirklich, was mich fassungslos machte.[4] Meine Frau machte auch noch den Fehler, meinem Vater zu erzählen, dass meine jüngste Tochter das Gymnasium besucht, was er gleich für seine Zwecke benutzen würde, um damit zu prahlen, obwohl meine Kinder nie Kontakt zu meinen Eltern hatten.[5] Dann erfuhr ich auch noch, dass mein Cousin beim Kinderpornogucken im Internet erwischt worden ist, was mir endgültig den Rest gab. Ich war nur noch angewidert, was meine Verwandtschaft anging.[6] Ich merkte an dem Gesichtsausdruck meiner Frau und an ihrem Verhalten, dass ich bzw. meine Familie nicht gut dastand. Ich schämte mich zutiefst für meine Herkunft gegenüber meiner Frau und auch meinen Kindern. Auf der Nachhausefahrt begann der Konflikt aus diesem Grunde, da meine Frau mich mit meiner Verwandtschaft gleichstellte. Der eigentliche Konflikt begann zu Hause, weil meine Frau mir vorwarf, in Bezug auf das Verhältnis meinem Vater gegenüber, welcher mir absolut egal bzw. peinlich ist, zu lügen. Meine Frau sagte auch noch in Bezug zu meinem Cousin, ob das hoffentlich nicht in der

Familie liegt. Ich warf meiner Frau daraufhin an den Kopf, dass sie genauso krank im Kopf wäre wie ihre Mutter (die an einer nicht diagnostizierten Paranoia leidet). Meine Frau meinte auch noch, dass ich viel zu nett zu meinem Vater war und ich endlich hätte klar stellen sollen, wie ich zu ihm stehe, vor all meinen Verwandten. Das machte für mich aber keinen Sinn, weil mein Vater nur in seiner eigenen Welt lebt und das nicht anerkennen würde. Ich fühlte mich zutiefst ungerecht behandelt, gerade in Bezug zu meiner Verwandtschaft, für die ich mich schäme und mit der ich nicht verglichen werden möchte. Ich begann immer mehr aggressiv zu werden, mich völlig hilflos zu fühlen, dass sie mit ihren Äußerungen Recht haben könnte. Ich zerstörte in meiner Wut und Hilflosigkeit, den Streit damit zu beenden, die Küchenspüle und den Wasserhahn, woraufhin meine Frau mich aufforderte rauszugehen, was mich noch wütender machte. Ich griff auch noch meine Frau körperlich an, indem ich sie an einen Schrank schleuderte, weil sie mir zu nahekam. Ich verhöhnte sie auch noch, indem ich ihr unterstellte, nur zu markieren. Ich fuhr dann erst einmal mit dem Auto weg. Zwischen mir und meiner Frau herrschte dann erst mal für mehrere Tage Funkstille. Irgendwann begannen wir, ohne auf den Streit zurückzukommen, uns normal zu unterhalten. Den Streit und das, was vorgefallen war, hat nur meine Frau zum Thema gemacht und um Klärung verlangt. Ich dagegen hätte am liebsten gar nicht mehr darüber geredet. Ich fühlte mich in Bezug auf den Streit von meiner Frau missverstanden, weil ich schon seit 14 Jahren keinen Kontakt mehr zu meinen Eltern hatte und mich damals auch voll und ganz für meine Frau entschieden hatte, nachdem meine Eltern (meine Frau war in deren Bäckerei Angestellte) von

uns verlangt hatten, dass wir unsere Beziehung beenden
sollten. Ich war auf die Gewalttätigkeiten, die ich meiner
Frau angetan habe, wütend auf mich selbst und habe
75   mich dafür geschämt. Ich fühlte mich als Versager. Ich
fühlte mich aber auch bestätigt in meinem Gefühl, erst
gar nicht zu der Konfirmation zu gehen. Im Nachhinein
gesehen war der Tag und der Streit völlig sinnlos."

Herr B. erzählte in der Sitzung, als er den Gruppenleitern den Text zur
Beschreibung der Tat überreichte, wie es ihm bei der Abfassung ergangen
wäre. Es hätte sich extrem unangenehm angefühlt. Er hätte geschwitzt,
hätte sich wie damals gefühlt, als sich der Vorfall ereignete. Dann hätte
er auch einen starken Widerstand beim Niederschreiben gespürt. Dem
hätte er erst nachgeben wollen, es dann aber doch nicht getan. Nachdem
er den Text zu Papier gebracht hatte, habe er sich sehr erleichtert gefühlt.
Hier deutet sich in geradezu idealer Weise der Beginn eines Verarbei-
tungsprozesses an.

Bei der Tatrekonstruktion gingen wir von der Annahme aus, dass dem beschriebenen Tathergang eine Eskalation zugrunde liegt. Die einzelnen
Stufen sind durch die in eckigen Klammern gesetzten Zahlen von eins bis
sechs im Text dokumentiert. Wir ließen uns dieses Aufschaukelungspro-
zess nochmals im Detail schildern, schrieben ihn in Stichworten für jede
Stufe auf ein DIN-A4-Blatt und legten diese Blätter in Form einer Stufe vor
Herrn B. hin. Wir gingen ferner von der Annahme aus, dass ein Ausstieg
aus dem Eskalationsprozess umso schwieriger sein dürfte, je höher die
erreichte Stufe ist. Befragt, wo er die erste und beste Möglichkeit zum
Ausstieg sehen würde, meinte Herr B., dass er nach dem Kirchenbesuch
(Stufe 2) mit seiner Frau hätte Rücksprache halten sollen, um die Feier zu
verlassen. Das wäre seiner Meinung nach gut gewesen. Man hätte als

Kleinfamilie in ein anderes Restaurant gehen können und der Tag hätte einen komplett anderen Verlauf genommen.

In Zeile 29f deutet sich ein grundlegendes Problem in der Partnerschaft an, dass quasi ständig im Hintergrund lauert und unserer Ansicht nach der Thematisierung und Bearbeitung bedarf: Die unterschiedliche soziale Herkunft der beiden Ehepartner. Herr B. stammt aus einem verarmten bäuerlich-proletarischen Milieu, während seine Frau ein uneheliches Kind adeliger Herkunft ist, in dem – zumindest in der Vergangenheit – mehr Geld zur Verfügung stand. Die unterschiedliche Herkunft zeigt sich u. a. in unterschiedlicher sozialer Kompetenz. Herr B. fühlt sich seiner Frau deutlich unterlegen. Herrn B. ist seine eigene Herkunft peinlich, während er gleichzeitig das Gefühl hat, dass seine Frau manchmal auf ihn herabsieht. Ob dies wirklich der Fall ist, ist letztlich unerheblich, da eine Projektion auf Seiten von Herrn B. die gleiche Wirkung hätte. Dieser latente Konflikt in der Partnerschaft konte nur markiert, d. h. Herrn B. gespiegelt werden. Eine weitere Bearbeitung war im Rahmen des Anti-Gewalt-Trainings nicht möglich. Zudem hätte es dazu der Anwesenheit der Ehefrau bedurft. Da das Ehepaar aber bereits über positive Erfahrungen mit einer Paarberatung verfügte, ist die Annahme nicht unberechtigt, dass eine Wiederaufnahme des Beratungsprozesses im Bereich des Denkbaren liegt.

Eine besondere Schwierigkeit bei der Tatrekonstruktion sind Männer, die sich zumeist nur sehr kurz und knapp äußern. Dies gilt sowohl für die Eingangs- und Schlussrunden als auch für die Beteiligung während der Gruppensitzungen. Diese sehr reduzierten Mitteilungen werfen zu allererst die Frage auf, ob diese Schwierigkeiten sozialisationsbedingt sind, d. h., ob der betreffende Mann nie gelernt hat, innere Prozesse wahrzunehmen und zu verbalisieren oder ob er sich – aus was für Gründen auch immer – bewusst knapp äußert. Ein derartiger Fall aus dem Jahre 2018 ist Herr T.:

Herr T. ist 25 Jahre alt. Er verfügt über ein Abitur und eine nicht vollständig abgeschlossene Ausbildung in einem sozialen Beruf. Er klagt vor Gericht, weil er durch die Prüfung gefallen ist. Herr T. hat seine damalige Partnerin misshandelt, indem er ihr einmal sein Knie in ihr Gesicht rammte und sie das andere Mal würgte. Er war sehr eifersüchtig, weil sie via Handy mit anderen Männern chattete. Herr T. wurde von einem Gericht zu zehn Monaten Gefängnis auf Bewährung verurteilt. Gleichzeitig erhielt er die Auflage zur Teilnahme an dem Anti-Gewalt-Training. Herr T. nimmt sehr regelmäßig an dem Training teil. In der Eingangsrunde sagt er stereotyp, es ginge ihm gut, es sei in der zurückliegenden Woche nichts Besonderes vorgefallen. Er wäre beim Sport gewesen und hätte Freunde getroffen. Mit der Bitte, sich ausführlicher und unter Schilderung seiner Emotionen zu äußern, kann Herr T. angeblich nichts anfangen. In der Abschlussrunde hebt er Dinge hervor, die Gegenstand der Diskussion waren. Was ihn persönlich bewegt, bleibt auch hier unklar.

Herr T. reicht als Grundlage für die Tatrekonstruktion pünktlich zwei Texte über die von ihm begangenen Taten rein; gefordert war eigentlich nur einer. Da seine Handschrift schwer leserlich ist, wird er gebeten, sie nochmals deutlicher aufzuschreiben. Er ist sofort einverstanden, bietet an, den Text auf dem PC zu verfassen und gibt uns den Text eine Woche später wieder. In der die Tatrekonstruktion vorbereitenden Supervisionssitzung taucht die Frage auf, ob Herr T. uns möglicherweise ins Leere laufen lässt, wenn er sich auch dort so kurz und knapp äußert wie in den Monaten zuvor. Wie können wir ihn veranlassen, sich ausführlicher und emotionaler zu äußern? Wir entscheiden uns dafür, unser Ziel der Tatrekonstruktion vorerst zurückzustellen, da das Risiko des Scheiterns als zu groß angesehen wird. Zu scheitern wäre für uns Gruppenleiter nicht das Problem, denn damit muss sich jeder sozialpädagogisch oder psychotherapeutisch Tätige auseinandersetzen. Das erscheint uns geradezu unausweichlich und die Auseinandersetzung damit sollte schon am Anfang des Berufslebens stehen. Hier gibt es vermutlich auch dann keine Antworten, die für das gesamte Berufsleben gültig sind. Vor dem Hintergrund immer neuer Berufs- und Lebenserfahrungen und bei veränderten Rahmenbedingungen stellt sich diese Frage, wie verarbeite ich das eigene Scheitern, immer wieder neu. Welche möglichen Auswirkungen hätte eine gescheiterte Tatrekonstruktion aber auf Herrn T.? Unterstellt, dass er seine Mitteilungen bewusst kurz und knapp hielte und seine Emotionalität vor uns und der Gruppe zu verbergen suchte, wäre er mit dieser Strategie erfolgreich. Er würde das Training absitzen, hätte seine Auflage erfüllt, aber die psychodynamischen Hintergründe seiner Gewalttaten wären nicht im Ansatz bearbeitet. An die Gruppe würde er zudem das Signal senden, dass man sich nicht groß einlassen müsse, es genüge, den formalen Rahmen (pünktliche Teilnahme, Teilnehmerbeitrag zahlen, Text zur Tatrekonstruktion abliefern) einzuhalten. Sollte wider Erwarten Herr T. wirklich nicht in der Lage sein, sich ausführlicher und emotional getragen zu äußern (wobei alle Indizien gegen diese Annahme sprachen), hätte er die Erfahrung gemacht, ihm sei auch mit einem hochspezialisierten Angebot wie dem Anti-Gewalt-Training nicht zu helfen. Gefühle von Hoffnungslosigkeit und Resignation wären vermutlich die Folge. Ein derartiges Scheitern könnte auch verunsichernd auf einzelne Gruppenmitglieder wirken, die sich möglicherweise insgeheim fragen würden, ob sie das gleiche Schicksal ereilen könnte. Vor dem Hintergrund dieser Fragen entschieden wir uns für eine Vorgehensweise, die sich methodisch an das Reflecting Team anlehnt (Vgl. v. Schlippe/Schweitzer 2017). Wir teilten zwischen uns Trainern die Rollen des eher strengen auf Rauswurf orientierten Gruppenleiters und die des verständnisvollen, sich für mögliche Hintergründe interessierenden auf und inszenierten vor der Gruppe einen Dialog bzw. eine Diskussion. Eröffnet wurde das Gespräch mit dem Hinweis, dass wir seit langem nicht so einen schwierigen Fall wie Herrn T. in der Gruppe gehabt hätten, der nunmehr seit drei Monaten in der Gruppe wäre, aber über den wir kaum etwas wüssten, da er sich so kurz, knapp und sachlich äußere. Eigentlich müssten wir uns fragen, ob wir ihn nicht entlassen müssten, da das Training ihn offenbar nicht erreiche. Dem wurde mit dem Einwand entgegnet, dass er eigentlich immer anwesend sei, also etwas wolle. Da er über ein Abitur verfüge, sei unterstellt, dass er sich ausführlicher äußern könne, als er dies tue. Vielleicht habe er Angst sich zu äußern, aus was für Gründen auch immer? Eigentlich müsse er ein Interesse daran haben, seine Impulsdurchbrüche unter Kontrolle zu bringen, da er bereits zu zehn Monaten Haft auf Bewährung verurteilt sei und er sicher in den Knast einfahre, wenn wieder etwas passieren sollte. Das könne einem eigentlich schon Angst machen, aber offensichtlich blende er das aus, nehme es nicht ernst oder überblicke die eigene Gefährdung nicht. So mache das Training wenig Sinn. Dabei könne er das Anti-Gewalt-Training auch als Chance für sich begreifen, denn wir interessierten uns für die Hintergründe seiner Gewalttaten. Allerdings wären wir ratlos wie wir ihn zu mehr Offenheit motivieren könnten. Offensichtlich wolle er das aber nicht, da er hier sitze und weitestgehend schweige. Es wäre eben notwendig, dass er über seinen Schatten springe, was hieße, sich mehr einzulassen und mitzuteilen. Er müsse es halt wollen. Wir fragten uns als

Gruppenleiter auch, wie derartig kurze Mitteilungen von Herrn T. bei den anderen Gruppenteilnehmern wohl ankämen, die sich deutlich differenzierter und engagierter als er äußerten. Während wir diesen Dialog vor der Gruppe in Szene setzten, hörten die Teilnehmer interessiert zu und Herr T. wurde in minutenschnelle immer unruhiger und rutschte auf seinem Stuhl hin und her. Als er es offensichtlich nicht mehr aushalten konnte, meldete er sich zu Wort, unterbrach uns und bat darum, zu den von uns geäußerten Gedanken etwas sagen zu können. Herr T. erhielt natürlich sofort das Wort und erklärte, dass es sich wohl um ein Missverständnis handeln müsse. Ihm sei nicht klar gewesen, was von ihm gefordert sei, dass er sich zu alltäglichen Dingen äußern sollte, die von Emotionen begleitet seien. Diese Einlassung von Herrn T. war wenig glaubhaft. Wir verzichteten aber darauf, ihm dies zu spiegeln, da ihn offenbar die Angst umtrieb, er könne nun aus dem Training rausgeworfen werden. Es war klar, dass er diese Entscheidung unsererseits unbedingt verhindern wollte. Er sicherte zu, dass er sich zukünftig anders äußern und mehr von sich und seinem Innenleben preisgeben wolle. Wir erklärten uns nach kurzer Diskussion unter uns Gruppenleitern zu einem Kompromiss bereit und boten Herrn T. an, dass er vorerst im Training bleiben könne. Wir würden die nächsten vier Wochen sehr genau darauf achten, ob er sein Verhalten wirklich in Richtung größerer Offenheit verändern würde. Falls dies nicht geschehe, würden wir das Training beenden und eine entsprechende Mitteilung an das Gericht machen.

Wir fragten sodann die Runde, was das Verhalten bzw. die reduzierten Mitteilungen zur eigenen Befindlichkeit von Herrn T. bei den anderen auslöse. Ein Teilnehmer meinte lächelnd und auch leicht provokant wirkend, dass es noch einen Mann in der Gruppe gäbe, der sich ähnlich verhalte. Der so Angesprochene merkte an, dass er auch immer wenig sage. Das wäre ihm jetzt auch sehr deutlich geworden. Er hätte das Gefühl gehabt, wir hätten die ganze Zeit auch über ihn gesprochen, während wir, die Gruppenleiter, uns über Herrn T. austauschten. Ein weiterer Teilnehmer merkte an, er habe sich bei den heftigen Aggressionen und der Eifersuchtsthematik von Herrn T. auch wiedererkannt. Wir griffen dieses Stichwort sodann auf, zumal ja auch den von Herrn T. vorgelegten Texten zu entnehmen war, dass er extrem eifersüchtig reagierte, als seine Partnerin mit anderen Männern chattete bzw. telefonierte und starteten eine Gruppendiskussion um das Thema Eifersucht, die wesentlich auf einem labilen Selbstwert beruhe. Oftmals werde der Partnerin etwas unterstellt, was man selbst fühle oder denke, aber bei sich nicht wahrhaben wolle. Mit anderen Worten, wir versuchten den Teilnehmern Einsichten in den Abwehrmechanismus der Projektion zu vermitteln. Zur näheren Erläuterung dieses Vorganges zeichneten wir ein entsprechendes Schaubild auf das Whiteboard. Unsere Ideen zündeten zumindest bei einigen Teilnehmern. Ein Mann, der erst wenige Sitzungen im Training absolviert hatte, meinte, dies mache ihn doch alles sehr nachdenklich. Als er einen Ausraster hatte, habe seine Frau ihm zuvor schlechte Laune unterstellt, was er aber abstritt und ihr stattdessen dieses Gefühl zuschrieb. Nun müsse er doch erkennen, dass sie wohl Recht hatte. Ein anderer Gruppenteilnehmer gab an, er frage sich, ob seine Frau manchmal so eifersüchtig reagiere, weil sie Verlustängste habe. Dies wolle er bei nächster Gelegenheit mit ihr besprechen. Soweit die ausführliche Beschreibung dieser Gruppensitzung. Auf die eigentliche Tatrekonstruktion haben wir, wie oben erwähnt, verzichtet, weil sie zu diesem Zeitpunkt wenig aussichtsreich erschien. Die Gefahr des Scheiterns bei diesem Unterfangen erschien uns schlicht weg zu groß. Gleichzeitig wären aber die negativen Folgen für den Protagonisten und die Gruppe absehbar gewesen.

Genaugenommen wurde das Training für diesen Mann nach drei Monaten nun wieder auf null gestellt und wir warteten ab, ob er sein Vorhaben, seine Emotionen mehr in den Gruppenprozess einzubringen, wirklich umsetzen würde. Die darauffolgenden Wochen ging Herr T. deutlich mehr aus sich heraus und teilte mehr über seine Gefühle mit. Trotzdem ist ihm anzumerken, dass ihm diese Mitteilungen nicht leichtfallen, aber die skizzierte Vorgehensweise hat offenbar eine Entwicklung zu mehr Selbstoffenbarung angestoßen.

Nachfolgend steht nun ein Beispiel für eine misslungene Tatrekonstruktion. Herr C. hatte im Zuge einer partnerschaftlichen Auseinandersetzung eine Anzeige wegen Bedrohung und Beleidigung bekommen. Er ist Jahrgang 1970, verfügte über eine Ausbildung im Gesundheitsbereich, arbeitete aber als angelernter Arbeiter im Drei-Schicht-System in der Getränkeindustrie. Herr C. hatte wegen räuberischer Erpressung und Hehlerei von 2003 bis 2008 im Gefängnis gesessen. Danach absolvierte er zwischen 2008 und 2009 eine eineinhalb jährige Drogentherapie wegen seiner Kokain- und Amphetaminsucht. Befragt hinsichtlich seines Alkoholkonsums gab er abwiegelnd an, dass er in 14 Tagen zwölf halbe Liter Bier getrunken hätte. Während des Auswahl- und Motivationsgespräches meinte er, er wolle an sich arbeiten, er hätte seine Freundin mit einem Messer bedroht. Herr C. wies deutlich akzentuierte narzisstische Züge auf. Vor dem Hintergrund eines zu erwartenden Gerichtsverfahrens teilte er dann eines Tages mit, dass sein Anwalt ihm geraten hätte, nichts Schriftliches für die Tatrekonstruktion einzureichen. An diesem Punkt wiesen wir einerseits auf unsere Schweigepflicht als Mitarbeiter einer diakonischen Einrichtung hin und bestanden andererseits aber auf einer schriftlichen Schilderung des Tathergangs. Sofern uns diese bis zu einem Stichtag nicht vorgelegt werde, würden wir das Anti-Gewalt-Training wegen unzureichender Mitarbeit einstellen. Damit kam Herr C. in die Situation, sich entscheiden zu müssen, ob er es zu einem Bruch kommen lässt oder ob er unseren Vorgaben entspricht, um sich durch die Absolvierung des Trainings in eine möglicherweise verbesserte juristische Position in dem zu erwartenden Gerichtsverfahren zu bringen. Herr C. löste den Konflikt, in dem er sich scheinbar für eine weitere Mitarbeit entschied. Als Grundlage für die Tatrekonstruktion überreichte er den Gruppenleitern folgenden Text:

„Am Samstag standen wir gemeinsam auf, genossen einen leckeren morgenkaffee. Wir hatten ausgemacht das sie gegen elf uhr ihre enkelin besuchen geht und den Sohn um geld einzutreiben. In der zwischenzeit wollte ich die zeit sinnvoll nutzen um endlich das display meines smartphones zu reparieren. Gesagt getan. Nachedem ich nach etwa zwei stunden gekratze und filigrangeschraube kaum fortschritte gemacht hatte, goennte ich mir eine pause, nach einer weiteren stunde und einem zerbrochenen ersatz glassdisplay musste ich aufgeben. Mein phone war nun schrott. Also beschloss ich kurzerhand mir das neue phone meiner freundin auszuleihen. Es war ein geschenk das sie nicht wollte da es ihr zu fummelig in der bedienung war und das alte phone war ohnehin mehr maedchin. Gut fuer mich. Nachdem ich meine sim eingelegt hatte und das phone angeschaltete hatte, tauchte in der kontaktliste namen von mehreren typen auf die allesamt bis zum hals im milieu involviert sind. Als wir einige monate zuvor beschlossen hatten nach zwei Jahren holpriger Beziehung Nun doch endlich war eine meiner grundbedingungen absolut keine ihrer alten Milieu kontakte in die beziehung mitzubringen, sowie eine komplette upper/downer abstinenz. Aufgrund der tatsache das ich jahre harte arbeit investiert und ne menge ärger durchlebt hatte um einerseits ein drogenfreies leben aufzubauen und andererseits dies nur zu verwirklichen ist durch den groesst möglichen mentalen und räumlichen abstand zu eben jenen milieu, beunruhigte mich dieser fund und machte mich eher misstrauisch als fassungslos. Vielleicht gabs ja auch ne simple erklärung. Ich beschloss die sache beim abendbrot anzusprechen, und da samstags mein schlafnachholtag ist und ich auch zwei beer getrunken hatte war ich ziemlich müde, stellte den alarm auf vier stunden und legte mich ab.

Um ca 1800 weckte mich meine freundin recht gut gelaunt auf. Wir gingen ins wohnzimmer und tauschten neuigkeiten aus. Ich sprach sie auf ihre zusage an mit ihren alten kontakten gebrochen zu haben, was sie bestaetigte. Darauf hin konfrontierte ich sie mit meinem fund dieser szene typen in ihrer kontaktliste. Sie verweigerte jegliche antwort. Als ich ihr das phone entgegenstreckte hielt ich sie am elbogen bis sie sich wegdrehte und losriss. Sie viel aufs bett und setzte sich unmittelbar auf die andere seite der bettkante und drehte sich von mir ab und sagte nur lass mich in frieden. Ich sagte ok das fuert jetzt zu nichts so kommen wir nicht weiter. ich gehe nebenan aber ich will das geklaert haben und zwar heute noch. Sie sagte… ich will das du gehst. Darauf ich… Im moment siehts so aus fuer mich… dein blocken spricht bände. Entweder du hast fuer diese wichser als esel gearbeitet, oder du hast ein verfucktes drogenproblem zusaetzlich zu deinem verfuckten medikamenten problem das seit jahren deinen gesunden menschenverstand vergiftet, und willst fuer diese wichser arbeiten, denn so saublöd bist du nicht zu glauben das solche leute ernsthaft an einer freundschaft interessiert sind. Diese bastarde verdienen ihr geld mit dem blut und leid ihrer mitmenschen. Und du weist auch ganz genau weshalb ich zu diesen wertlosen fucks halte und wie viele jahre ich gebraucht habe um ein normales stinklangweiliges leben zu haben. Warum jagst du mir nicht gleich ein messer in den rücken Darauf holte sie ihr phone aus dem wohnzimmer setzte sich wieder aufs bett und sagte seelenruhig mit hasserfuelltem blick…. Ich will das du gehst. Ich rufe die Polizei wenn du nicht gehst und rate mal wem sie glauben werden. Ich war fassungslos, holte meine schlüssel und portmonnaie aus dem wohnzimmer. Zum abschied sagte ich sie sei eine schizophrene seelisch abgefuckte maennerhasserin, viel spass bei deiner drogenkarriere ersaufe an deiner heuchelei, und jetzt ruf die bullen du widerwaertige kranke bitch. Sie fing auf kommando an zu schluchzen als sie den notruf waehlte. Ich lachte weil ich wusste das sie sich aergerte weil es ihr nicht gelang mich zu provozieren, und sagte zum abschied so ich geh dann mal einkaufen und bin dann bei mir in der landwohnung. Ich ging ein paar minuten zu edeka. Als ich vom einkauf herauskam, winkte mich eine streife zu sich und nahm mich vorlaeufig in gewarsam. Ich protestierte dagegen, auf der wache konnte ich zumindest die herausgabe einiger meiner sachen aus der gemeinsamen wohnung erwirken. Ich bekam einen platzverweis und machte mich auf den weg nachhause. Ich war nicht besonders gut gelaunt und obwohl ich wusste das diese frau mich belogen und betrogen hatte, ueberwiegte ein gefuehl der erleichterung in der gewissheit dieser kranken persönlichkeit entkommen zu sein. ENDE."

Bei der die Tatrekonstruktion vorbereitenden Lektüre dieses Textes waren wir einerseits verwundert, dass von der Bedrohung mittels eines Messers, die Herr C. sechs Monate zuvor im Auswahl- und Motivationsgespräch unumwunden zugegeben hatte, überhaupt nicht die Rede war und andererseits vermuteten wir, dass Herr C. hier eventuell dem Rat seines Anwalts folgte, die Bedrohung mittels eines Messers komplett abzustreiten, da es für diesen Vorgang keine Zeugen gab. Möglicherweise hatte er Details des Monate zurückliegenden Auswahl- und Motivationsgespräches nicht mehr im Gedächtnis. Der Anzeige gegen Herrn C. war zu entnehmen, dass ihm bei seiner vorläufigen Festnahme eine Blutprobe entnommen wurde. Wir holten telefonisch das Ergebnis ein, das sich auf 2,03 Promille belief. Damit war klar, dass Herr C. wesentlich mehr Alkohol konsumiert hatte, als er angab. Nach dem Verlesen des Textes von Herrn C. klärten wir Verständnisfragen. Unter anderem fragten wir Herrn C., ob er sich noch an die Biersorte erinnern konnte. Dies war für ihn kein Problem. Es wäre Bier der Sorte Faxe gewesen, 0,5 Liter die Dose. Um zu schauen, wie Herr C. reagiert, verlasen wir danach folgenden Ausschnitt, aus der uns vorliegenden Anzeige. Er fasst die Aussage von Frau O., der Freundin von Herrn C., zusammen. Dabei war klar, dass wir über die gegensätzlichen Texte mit ihm nicht diskutieren wollten, denn dabei wäre die Gefahr zu groß gewesen, dass er seine Partnerin als Lügnerin dargestellt hätte und wir ihm nicht das Gegenteil hätten beweisen können. Außerdem war davon auszugehen, dass die Aussage der Freundin vielleicht nicht an allen Punkten vollständig und wahrheitsgetreu war. Es ging uns also in erster Linie darum, Herrn C. zu verunsichern und darum, den anderen Mitgliedern die Unterschiedlichkeit der Tatbeschreibungen zu verdeutlichen. Wir hofften, sie dadurch als Bündnispartner in der Auseinandersetzung mit Herrn C. zu gewinnen. Der oben erwähnte Abschnitt der Anzeige lautete:

„Diese gab uns gegenüber an, dass sie weder verheiratet, noch verlobt mit dem Beschuldigten C. Sie würden sich etwa zwei Jahre kennen und erst frisch zusammen sein. Sie würden seit kurzem auch zusammen in ihrer Wohnung wohnen. Der Beschuldigte habe sich bereits dort angemeldet. Sie sei heute Vormittag zu Ihrem ältesten Sohn gefahren. Als sie am Nachmittag nach Hause gekommen sei, sei ihr Freund, Herr C. bereits stark alkoholisiert gewesen. Er trinke sehr häufig und habe ein Alkoholproblem. Er habe sie angeschrien, weshalb sie das Wohnzimmer so unordentlich verlassen habe. Es sei dann zum Streit gekommen. Da sie wisse, wie er unter dem Einfluss von Alkohol sein kann, habe sie sich ins Schlafzimmer zurückgezogen. Er sei mehrfach dorthin gekommen und habe sie u. a. mit den Worten „verlogene bitch" beleidigt. Zu diesem Zeitpunkt sei er sehr aggressiv gewesen. Er habe anschließend versucht, sie vom Bett zu ziehen, indem er sie grob am rechten Arm gepackt habe und am Pulloverärmel. Hierdurch habe sie sich jedoch keine Verletzungen zugezogen. Frau O. sei dies alles zu viel geworden, daher habe sie beschlossen zu einer Freundin zu fahren, um dort zu übernachten. Sie habe sich Bekleidung herausgesucht, während Herr C. sie ständig aufforderte endlich die Wohnung zu verlassen. Sie erklärte ihm, dass es sich um ihre Wohnung handele. Da wurde er noch aggressiver und drohte: „Ich kann dir auch den Kopf aufschneiden." Er ging im Anschluss in die Küche und holte von dort ein Küchenmesser. Er habe sie aufs Bett geworfen und über ihr mit dem Messer gehockt. Das Messer habe er in der rechten Hand gehalten und eine Ausholbewegung ausgeführt. Zugestochen habe er nicht. Sie habe versucht um Hilfe zu schreien, er habe ihr daraufhin den Mund zugehalten. Irgendwann habe er aus eigenem Willen von ihr abgelassen und sei ins Wohnzimmer gegangen. Dies habe sie genutzt, um die Polizei zu verständigen. Auf Nachfrage, ob es in der Vergangenheit bereits zu Gewalt gekommen ist, gab sie an, dass er häufiger verbal aggressiv sei. Zu Handgreiflichkeiten oder Bedrohungen sei es jedoch noch nie gekommen. Anschließend baten wir Frau O. uns das Messer zu zeigen. Dieses befand sich in einer Küchenschublade. Bei dem Messer handelte es sich um ein Küchenmesser mit einem schwarzen Griff und einer ca. 5 cm breiten und etwa 18 cm langen Klinge."

Herr C. verzog beim Verlesen des Auszuges aus der Anzeige keine Miene, war völlig regungslos. Er hatte sich augenscheinlich sehr unter Kontrolle, wirkte aber angespannt. Diese Anspannung war für uns allerdings wenig aussagekräftig, denn nahezu alle Teilnehmer sind vor Beginn ihrer Tatrekonstruktion angespannt.

Zum Einstieg in die Tatrekonstruktion begaben wir uns an das Flipchart und zeichneten für den besagten Tag eine Zeitlinie. Zwischen 11 und 13/14 Uhr markierten wir den Konsum von einem Liter Faxe-Bier. Um 20.11 Uhr wurde von dem durch die Polizei zugezogenen Arzt eine Blutprobe entnommen, die den bereits erwähnten Wert von 2,03 Promille ergab. Auch diese Uhrzeit wurde auf der Zeitlinie markiert. Herr C. wurde darauf hingewiesen, dass die Leber eines Mannes durchschnittlich etwa 0,1 Promille Alkohol pro Stunde abbaut. Er müsse also gegen 14 Uhr, wenn er dann mit dem Trinken aufgehört hätte, etwa 2,6 Promille im Blut gehabt haben. An dieser Stelle kamen Zwischenrufe der Gruppenteilnehmer, die meinten, dann wären es aber nicht nur zwei Dosen Bier gewesen. Herr C. blieb bei seiner Aussage von den zwei Dosen Bier. Wir griffen diesen Punkt auf und konfrontierten ihn damit, dass der Text der Tatrekonstruktion, unabhängig von der Aussage seiner Freundin, so nicht stimmen könne, denn der Promillegehalt sei eindeutig festgestellt. Daran sei nicht zu rütteln. Wenn hier offenkundig nicht die Wahrheit gesagt worden sei, dränge sich der Verdacht auf, dass auch andere Details der Tatbeschreibung so nicht richtig sein könnten bzw. Wesentliches fehle. Herr C. blieb aber bei seiner Aussage, dass der Tag so verlaufen sei, einschließlich des Alkoholkonsums. Um Herrn C. eine Brücke zu bauen, zeigten wir ihm im Gruppengespräch zwei mögliche Umgangsweisen mit diesem Widerspruch auf. Herr C. habe aus unserer Sicht versucht, etwas zu verschweigen, könne aber seine Position überdenken und innerhalb einer Woche einen revidierten Text als Grundlage für eine erneute Tatrekonstruktion einreichen. Falls Herr C. aber seine Haltung nicht korrigieren wolle und wir nach Ablauf der Wochenfrist keinen neuen bzw. überarbeiteten Text erhalten würden, wäre das Anti-Gewalt-Training für ihn beendet. Herr C. konnte oder wollte dieses Angebot nicht aufgreifen. Er ließ die Woche verstreichen, ohne dass er den überarbeiteten Text der Tatbeschreibung vorlegte und demzufolge wurde das Training für ihn beendet.

4.9 Qualitätssicherung

Die Qualitätssicherung des Anti-Gewalt-Trainings erfolgt vornehmlich über Teambesprechungen und Supervisionen. Jede Gruppensitzung wird von beiden Trainern geplant und vorbesprochen. Genauso erfolgt nach der Sitzung eine Reflektion der geleisteten Arbeit.

Sofern sich aus der Arbeit Fragestellungen ergeben, die eine fachärztliche Stellungnahme aus dem Bereich Psychiatrie ratsam erscheinen lassen, kann die für die Fachstelle für Sucht und Suchtprävention (Drobs) tätige Psychiaterin im Rahmen einer Fallbesprechung hinzugezogen werden.

Etwa acht Mal im Jahr nehmen die beiden Trainer an einer 90-minütigen Supervision teil, die von einem in der Forensik tätigen Psychologen angeboten wird. Diese Sitzungen dienen vornehmlich der methodischen Vorbereitung der Tatrekonstruktionen. Hierbei geht es um die Auswahl des methodischen Ansatzes und die Abschätzung der möglichen Reaktionen des Protagonisten, aber auch um die Einbindung der übrigen Gruppenteilnehmer.

4.10 Netzwerkarbeit

Die Trainer des Anti-Gewalt-Trainings sind über die Teilnahme am „Runden Tisch gegen Gewalt in der Familie" in den Landkreisen Lüneburg, Uelzen und Lüchow-Dannenberg mit allen Institutionen vernetzt, die mit häuslicher Gewalt befasst sind. Im Landkreis Lüneburg sind dies u. a. die Jugendämter, das Amtsgericht, die Staatsanwaltschaft, das Frauenhaus, die BISS-Beraterin, die Migrationsdienste von Diakonie und AWO, das Psychiatrische Klinikum, die Opferhilfe, die Polizei und der Kinderschutzbund. In diesem Gremium, das ca. acht Mal im Jahr für eineinhalb Stunden tagt, werden u. a. auch Fallbesprechungen abgehalten und die BISS-Beraterin und ein Leiter des Anti-Gewalt-Trainings berichten kontinuierlich über ihre Arbeit.

Der „Runde Tisch gegen Gewalt in der Familie" betreibt eine Internetseite, auf der Hilfsangebote bei häuslicher Gewalt aufgelistet sind. Darüber hinaus führt er im November regelmäßig eine öffentliche Veranstaltung durch, um auf häusliche Gewalt aufmerksam zu machen. Über diese Aktionen wird regelmäßig in der örtlichen Presse berichtet.

Das Lüneburger Anti-Gewalt-Training ist Teil der Niedersächsischen Landesarbeitsgemeinschaft gegen häusliche Gewalt. Diese Arbeitsgemeinschaft ist ein Zusammenschluss fast aller in Niedersachsen im Bereich Anti-Gewalt-Training tätiger Fachkräfte. Die AG trifft sich zweimal im Jahr im Männerbüro in Hannover, um inhaltliche Fragen zu diskutieren und um eine einheitliche Haltung gegenüber dem finanzierenden Sozialministerium zu entwickeln.

4.11 Finanzen

Das Land Niedersachsen fördert seit 2010 das Lüneburger Anti-Gewalt-Training mit 20.000€ jährlich. Insgesamt sind es elf Trainings in Niedersachsen, die gefördert werden. Mit dieser Finanzierung ist die Auflage verbunden, dass die Teilnehmer einen Eigenanteil zu leisten haben. Wie bereits erwähnt, zahlen ALG-II-Empfänger und Menschen mit einem ähnlich geringen Einkommen 5€ pro zweistündiger Gruppensitzung, Lohnabhängige, die normal verdienen, sind mit 15€ pro Sitzung dabei. Diese Gelder werden auch fällig, wenn der Klient das Training absagt, weil er krank oder verhindert ist. Da diese Bedingungen bereits im Auswahl- und Motivationsgespräch erörtert werden, gibt es hier später in der Regel keine Zahlungsprobleme. Das Training in Lüneburg kostet, je nach Stundenaufwand, etwa 25-26.000€ pro Jahr. Dieser Summe entspricht etwa ein Kontingent von 12-15 Sozialarbeiterstunden nebst Materialaufwand und Bürokosten. Dankenswerterweise hat die Lüneburger Stiftung „Diakonie – Ich mache mit" in den vergangenen Jahren das Training oftmals mit 2.500€ unterstützt. Berechnungen der Landesarbeitsgemeinschaft Täterberatung – dem Zusammenschluss aller Täterberatungsstellen in Niedersachsen – kommen hingegen auf einen Finanzbedarf von ca. 70.000€ pro Jahr. Eine derartige Summe ist notwendig, wenn alle von der Bundesarbeitsgemeinschaft Täterberatung aufgestellten Standards umgesetzt und vergütet werden. Allein aus dieser Gegenüberstellung wird deutlich, dass das Anti-Gewalt-Training chronisch unterfinanziert ist. Da das Land seit 2010 immer die gleiche Summe zahlt, Lohnsteigerungen nicht ausgeglichen werden, bleibt dem Träger nur die Wahl, neben Umschichtungen und Einsparungen zunehmend eigene Mittel in das Projekt zu schießen. Das Ende dieses Weges scheint absehbar, wenn das Land sich zukünftig nicht bereit erklärt, zumindest Lohnsteigerungen auszugleichen.

Warum wird so wenig in das Projekt investiert? Will man sich eine Art Legitimation verschaffen, dass man doch von Seiten des Landes etwas gegen häusliche Gewalt tue, wohlwissend, dass 220.000€ nicht den Bedarf decken. Oder, ist dieser geringe Etat auch Ausdruck politischer Kräfteverhältnisse, so dass eben mehr nicht finanzierbar ist, auch wenn einzelne politische Akteure oder Fraktionen sich hier mehr wünschen? Das würde vermutlich bedeuten, dass frauenpolitische Maßnahmen, wie die Finanzierung der Biss-Beratungsstellen und der Frauenhäuser, eine stärkere Lobby in den Regierungsfraktionen von SPD und CDU haben als die Täterintervention. Wer sich um die weiblichen Opfer von Gewalt kümmert, kann eher finanzielle Mittel einwerben als derjenige, der mit den männlichen Tätern arbeitet. Für diese Vermutung spricht die tatsächliche Förderung der Institutionen wie Biss-Beratungsstellen und Frauenhäuser, die sich um von Gewalt betroffene Frauen kümmern und im Jahre 2012 in Höhe von 5,329 Mio. Euro gefördert wurden (Vgl. Nieders. Ministerium für Soziales, Frauen, Familie, Gesundheit und Integration 2012, S.22).

5. Effektivität

Das selbstgewählte Vorhaben, die Effizienz des von uns angebotenen Trainings zu messen, wirft zahlreiche Fragen auf. Ist ein Training nur dann wirkungsvoll, wenn es danach zu einer absoluten Gewaltabstinenz kommt oder ist eine Verringerung von Partnergewalt auch schon ein Erfolg? Wie lassen sich hier überhaupt verlässliche Daten gewinnen? Müssten hier nicht, strenggenommen, Daten aus dem Bundeszentralregister angefordert werden, um die Rückfallrate zu ermitteln? Aber welcher Katamnesezeitraum wäre angemessen, ein, zwei oder fünf Jahre? Und dann könnte man auch nur Aussagen über verurteilte Täter machen. Was ist mit denjenigen, die nicht angezeigt bzw. angeklagt und verurteilt wurden? Es lassen sich weitere Fragen aufwerfen, je länger man über diesen Sachverhalt nachdenkt. Angesichts dessen erschien uns eine pragmatische Herangehensweise sinnvoll, die allemal kritikwürdig und ergänzungsbedürftig ist. Hierbei ist allerdings ein wesentlicher Sachverhalt nicht außer Acht zu lassen: Die zur Verfügung stehenden finanziellen Ressourcen bestimmen weitestgehend das methodische Vorgehen beim Ermitteln der Effizienz. Zu Beginn des Trainings entschlossen wir uns, dessen Effektivität mit verschiedenen psychologischen Testverfahren zu ermitteln. Dies war zum einen ein Persönlichkeitstest, der häufig verwandte Freiburger Persönlichkeitsinventar in revidierter Fassung (FPI-R). Diese Testform umfasst 138 Items, die sich zu folgenden Skalen zusammensetzen: (1) Lebenszufriedenheit, (2) Soziale Orientierung, (3) Leistungsorientierung, (4) Gehemmtheit, (5) Erregbarkeit, (6) Aggressivität, (7) Beanspruchung, (8) Körperliche Beschwerden, (9) Gesundheitssorgen, (10) Offenheit, außerdem die zwei Sekundärskalen Extraversion und Emotionalität im Sinne Eysencks. Die Skalen geben relevante Konzepte in den Selbstbeschreibungen der Durchschnittsbevölkerung mit hoher interner Validität wieder und sind durch zahlreiche empirische Validitätshinweise belegt.

Neben dem FPI-R kam zum anderen der FAF (Fragebogen zur Erfassung von Aggressivitätsfaktoren) zum Einsatz. Er ermöglicht Aussagen zu folgenden Aggressionsbereichen: (1) Spontane Aggressivität, (2) Reaktive Aggressivität, (3) Erregbarkeit (mit den Qualitäten Wut und Ärger), (4) Selbstaggression und (5) Aggressionshemmungen. Die Testwerte der ersten drei Skalen können zu einem »Gesamtwert Aggressivität« zusammengefasst werden. Der FAF enthält außerdem eine Kontrollskala, die die Bereitschaft zur offenen Fragebogenbeantwortung misst. Der dritte von uns verwandte Test war der State-Traite Anger Expression Inventory (Staxi).

Der STAXI ist ein ökonomisches Verfahren zur Messung der Intensität von situationsbezogenem Ärger (Zustandsärger) und vier dispositionellen Ärgerdimensionen (Eigenschaftsärger, nach innen gerichteter Ärger, nach außen gerichteter Ärger, Ärgerkontrolle). Es wurde in Anlehnung an das von C. D. Spielberger konzipierte amerikanische Originalverfahren entwickelt, für den deutschen Sprachraum aber völlig neu konstruiert. Anhand dieser drei Testverfahren konnten wir belegen, dass unser Anti-Gewalt-Training wirksam ist. Wir setzten die Testverfahren jeweils zu Beginn und zum Ende des Trainings ein. Dieses Vorgehen war allerdings relativ zeit- und vor allem kostenintensiv. Eine auf Honorarbasis engagierte Psychologin führte die Testverfahren zweimal in einer zweistündigen Sitzung durch. Danach erfolgten die Auswertung und die schriftliche Darstellung der erhobenen Daten. Alle Teilnehmer, die das Training absolviert hatten, zeigten – wenn auch durchaus in unterschiedlichem Ausmaß – Veränderungen im Umgang mit aggressiven Gefühlen. Diese Testergebnisse entsprachen weitestgehend dem persönlichen Eindruck, den wir während des sechsmonatigen Trainings gewonnen hatten.

Personelle Veränderungen bei der Supervision und der Testung waren dann mit einer erheblichen Kostensteigerung verbunden, da wir zuvor die besagten Leistungen sehr günstig eingekauft hatten. Angesichts der begrenzten finanziellen Ressourcen des Trainings hatten wir abzuwägen, ob wir auf die Supervision oder die psychologische Testung verzichten. Die Fortführung der Supervision schien uns allerdings unumgänglich. Der Umgang mit dieser schwierigen Klientel sollte durch einen zusätzlichen fachlichen Blick von außen abgesichert und kontrolliert werden. Die Arbeit mit Gewalttätern hat auch immer zu reflektieren, dass ein fachlicher Fehler oder ein Übersehen wesentlicher Zusammenhänge fatale Folgen für die Partnerin oder auch für die Kinder haben kann. Insofern fiel uns die Entscheidung leicht, zumal mehrere Testdurchläufe belegt hatten, dass unser Training wirkungsvoll ist.

Unabhängig von den psychologischen Testungen gibt es aber weitere Hinweise, die für einen Erfolg des Trainings sprechen. Es wurde bereits erwähnt, dass sich das von uns durchgeführte Training überwiegend aus Angehörigen der sozialen Unterschichten zusammensetzt, die man als »bildungsfern« charakterisiert. Erfahrungsgemäß lassen sie sich auch als »psychotherapiefern« beschreiben. Dies bedeutet, dass persönliche Eigenschaften und daraus resultierende Verhaltensweisen weitestgehend als unveränderlich angesehen werden. Man geht in diesen Kreisen häufig davon aus, dass »man eben so sei«, glaubt teilweise auch an Vererbung, weil eben auch der Vater oder gar Großvater das gleiche Verhalten zeigte. Dieser Glaube an die genetische Weitergabe sozial auffälliger Verhaltensweisen wie hohe Erregbarkeit, gar Gewalttätigkeit deckt sich oftmals mit einer generell fatalistischen Sicht auf das eigene Leben und die umgebende Gesellschaft. Auch wenn einem vieles nicht gefalle und man den Eindruck habe, das eigene Leben sei zumindest teilweise nicht gut gelaufen, müsse man dieses letztendlich hinnehmen, denn so sei es nun einmal. Diese Sicht auf das eigene Leben und die Einbettung in bestimmte soziale Gegebenheiten spricht eher für depressive Charakterstrukturen denn für die Unabänderlichkeit der gesellschaftlichen Verhältnisse. Vor diesem Hintergrund ist es ein kaum zu überschätzender Erfolg, wenn ein Teilnehmer des Trainings ein Gespür bekommt, dass er an sich arbeiten kann und sich auch Erfolge, wenn zunächst auch nur kleine, einstellen.

Diese können darin bestehen, dass der Umgang mit der Partnerin oder den Kindern zunehmend leichter fällt und von weniger Konflikten begleitet ist. Oder die Konflikte bestehen zwar fort, sind aber zunehmend besser handhabbar, Kompromisse können leichter geschlossen werden und Paarauseinandersetzungen werden nicht mehr ausschließlich unter dem Blickwinkel des Alles oder Nichts wahrgenommen. Wenn im Laufe des Trainings oder an seinem Ende die Entscheidung fällt, eine Psychotherapie zu beginnen, so ist dies ein sehr großer Erfolg. Dies gilt insbesondere dann, wenn man berücksichtigt, dass die Teilnehmer mitunter schon älter, also zwischen 45 und 60 Jahre alt sind und das Training lediglich eine Dauer von sechs bis sieben Monaten umfasste. In einer vergleichsweise sehr kurzen Zeit lassen sich unseres Erachtens kaum mehr Veränderungen erreichen, zumal die Arbeitszeit lediglich 120 Minuten pro Woche umfasste.

Ein wichtiges Erfolgskriterium ist, dass augenscheinlich nur sehr wenige Teilnehmer des Anti-Gewalt-Trainings einschlägig rückfällig werden. Dabei erhebt sich die Frage, wie wir zu dieser Einschätzung kommen. Das entscheidende Kriterium ist, dass wir als Täterberatungsstelle seit Oktober 2012 alle Fälle von häuslicher Gewalt, die bei der Polizei in den Landkreisen Lüneburg, Lüchow-Dannenberg und Uelzen auflaufen, übersandt bekommen, um die der häuslichen Gewalt tatverdächtigen Männer zu einem Informationsgespräch über das von uns angebotene Anti- Gewalt-Training einzuladen. In dem genannten Zeitraum (Oktober 2012-Juli 2015) waren es lediglich zwei Teilnehmer des Anti-Gewalt-Trainings, die wieder auffällig wurden. Fairerweise muss angemerkt werden, dass die Dunkelziffer bei häuslicher Gewalt erheblich ist. Das bedeutet, nicht jeder Übergriff wird sofort zur Anzeige gebracht. Es ist vielmehr damit zu rechnen, dass dies oft erst nach dem gehäuften Auftreten derartiger Vorfälle geschieht.

Der Beginn eines Anti-Gewalt-Trainings sagt noch nichts über dessen möglichen Erfolg aus, denn im Laufe der Monate beenden viele Teilnehmer aus unterschiedlichen Gründen das Training. Dies sei hier an den Zahlen aus dem Jahre 2017 näher erläutert: Es nahmen in dem Jahr dreiundzwanzig Männer an dem Anti-Gewalt-Training teil. Von diesen brachen zehn Männer das Training ab. Zwei Männer wurden wegen mangelhafter Teilnahme ausgeschlossen, ein Mann beendete das Training, da er nach Süddeutschland verzog. Die Gründe der anderen Abbrecher sind nicht bekannt, da uns deren Motive in der Regel nicht mitgeteilt werden. Die Männer bleiben dem Training fern und reagieren nicht auf Anschreiben oder telefonische Kontaktversuche. In vielen Fällen kann davon ausgegangen werden, dass das Training wenig positive Effekte zeigte. Insbesondere, wenn das Training nach wenigen Sitzungen abgebrochen wurde, dürfte wenig erreicht worden sein. Anders mag es aussehen, wenn das Training in einem späten Stadium abgebrochen wurde. Auch dann bleibt die Frage, wie Erfolg zu definieren ist. Ein Fall, den wir als Erfolg verbuchen, stellt Herr U. dar:

Herr U., Ende 40 lebt seit 22 Jahren in einer Beziehung mit seiner Partnerin. Seit etwa sieben Jahren streitet sich das Paar nur noch. Herr U. nimmt das Training auf, nachdem er seine Partnerin im Streit schlug und ihr eine Rippe brach. Herr U. arbeitet intensiv mit und trennt sich nach etwa zehn Sitzungen von seiner Partnerin, die eine von uns angeregte Paartherapie, so Herr U., mit der Begründung abgelehnt habe, Herr U. habe das Problem, nicht sie. Trotz mehrfach geäußerter Bedenken unsererseits bricht Herr U. das Anti-Gewalt-Training ab. Etwa sechs Monate später erreicht den mich eine Mail, in der Herr U. mitteilt, dass er seine ehemalige Partnerin geheiratet hätte, sie aber nicht miteinander reden könnten. Er bat um ein Paargespräch. In diesem Gespräch wird deutlich, dass es nach der Trennung schnell wieder eine Versöhnung gab, der eine Hochphase folgte, wie es sie nur zu Anfang der Beziehung gegeben hätte. Im Juli hätten sie geheiratet und seitdem wäre er zunehmend aggressiv geworden, nicht nur gegenüber der Ehefrau. Er ecke auch zunehmend bei seiner Arbeitsstelle an. Er plane für Anfang 2019 eine stationäre Psychotherapie in einer psychosomatischen Klinik. Als Sofortmaßnahme willigt er in eine Rückkehr ins Anti-Gewalt-Training ein, was er als hilfreich empfunden hatte. Gemeinsam mit seiner Ehefrau meldet er sich für eine Paarberatung an, die nach dem Klinikaufenthalt im März 2019 beginnen soll. Gegen Ende des Gesprächs erwähnt die Ehefrau, dass Herr U. enttäuscht von mir gewesen sei. Genaueres gibt sie nicht an. Auf Nachfrage erklärt Herr U., dass er sich nicht nur eine sachliche Mail mit einem Hinweis, wo er mich treffen könne, gewünscht hätte, sondern auch eine Nachfrage, wie es ihm in den letzten Monaten ergangen sei. Hier wird deutlich, dass Herr U. zu mir eine positiv gefärbte Spiegelübertragung installiert hat. Er möchte anerkannt, gesehen, vielleicht auch gelobt werden – und sei es nur für die Tatsache, dass er wieder um Hilfe bei den Eheproblemen nachgesucht habe. Berücksichtigt man die Tatsache, dass Herr U. nie einen Vater gehabt hat und die Mutter ihn in seinen Kontaktbedürfnissen immer massiv eingeschränkt und behindert hat – so durfte Herr U. sich als Kind nie mit Gleichaltrigen treffen – erscheint das Nachsuchen um Hilfe und das Erleben einer annehmenden und bestätigenden Selbst-Objekt-Übertragung als Erfolg (Vgl. Lammers 2014, S. 58).

Aussagen zur Effektivität einer Maßnahme lassen sich auch daran messen, ob die eingesetzten finanziellen Mittel den gewünschten Erfolg erzielt haben. Sollte dies nicht geschehen sein, bedarf es einer sorgfältigen Analyse, die diverse Faktoren berücksichtigen muss. Zuvörderst muss geklärt sein, ob die ergriffene Maßnahme die richtige ist und welcher Stellenwert bzw. welche Reichweite ihr zukommt. Häusliche Gewalt kann selbst bei einer flächendeckenden Anwendung von Anti-Gewalt-Trainings in Deutschland nicht komplett beseitigt, lediglich eingeschränkt werden, da z. B. die materielle Unterversorgung in unteren Sozialschichten den Stresspegel immer wieder in die Höhe treibt und so vermittelt über enge Wohnverhältnisse, geringe finanzielle Mittel, gesundheitliche Belastungen, und unzureichende Kinderbetreuung, vielfach Probleme gewaltsam eskalieren lässt. Aber auch weitere Faktoren wie z. B. eine patriarchalisch orientierte Ablehnung von Gleichberechtigung befördern tendenziell Gewalt im Konfliktmanagement der Geschlechter. Körperliche Strafen als Instrument der Erziehung schaffen Traumatisierungen bei den betroffenen Kindern und führen vielfach zu der irrigen Annahme, dass sich der Stärkere in Beziehungen durchsetze, durchsetzen dürfe und dass dies auch noch legitim sei.

Für Deutschland liegt eine Studie vor, die versucht, die Auswirkungen häuslicher Gewalt zu beziffern. Dabei wird zwischen direkt tangiblen Kosten und indirekt tangiblen Kosten unterschieden. Direkt tangible Kosten umfassen im Bereich der Polizei z. B. die Kosten für Funkwageneinsätze, Verwaltungskosten und Kosten der Wegweisung nach dem Gewaltschutzgesetz. Im Bereich der Justiz sind es z. B. Gerichts- und Gutachterkosten, Haftkosten und Verfahrenskostenhilfe. Bei den Unterstützungsangeboten sind Kosten für Frauenhäuser und Opfer- u. Täterberatungseinrichtungen aufzuführen. Im Gesundheitswesen laufen Kosten für die medizinische Erstversorgung und die Behandlung psychischer Erkrankungen auf. Indirekt tangible Kosten umfassen u. a. Wertverluste durch Ausfall bei der Erwerbsarbeit, Arbeitslosigkeit, Produktivitätsverluste durch Tod und Suizid und Traumafolgekosten bei Kindern. Pro Jahr werden die Kosten, verursacht durch häusliche Gewalt, auf 3,8 Milliarden Euro beziffert. Auf den Lebenszeitraum sind es 17,975 Milliarden Euro (Vgl. Sacco 2017, S. 121).

Am 31.12.2015 hatte Niedersachsen 7.926.599 Einwohner, dies entsprach einem Anteil von 9,64% an der bundesdeutschen Bevölkerung. Damit entfallen auf die Einwohner Niedersachsens 394.190.871,36 Euro für die Kosten durch häusliche Gewalt. Diese enormen Summen werden zum Teil über die Sozialversicherungssysteme und über Steuern auf den Bürger umgelegt. Schaut man sich einzelne Kostenbereiche wie Justiz und

Polizeikosten an, so wird deutlicher, welche Kosten im Haushalt des Landes auflaufen. Die Kosten für Funkwageneinsätze betrugen 71,4 Mio. Euro, die polizeilichen Verwaltungskosten 37,5 Mio. Euro, Inhaftierungskosten 96,2 Mio. Euro. Rechnet man nur diese wenigen Posten zusammen, so kommt man auf eine Summe von 205,1 Mio. Euro. Der Anteil Niedersachsens sind 21,27 Mio. Euro. Für Täterprogramme gegen häusliche Gewalt werden in Niedersachsen hingegen pro Jahr 220.000€ ausgegeben, also etwa 1%. Nimmt man noch andere Kostenfaktoren mit in die Berechnung herein, z. B. die Kosten für die Bearbeitung von Strafverfahren, so sind es weit weniger als 1%. Die aufgewandten Mittel für Täterprogramme sind ein Tropfen auf dem heißen Stein. Das heißt mit anderen Worten: Wer eine derartige Unterfinanzierung verantwortet hat, darf nicht gleichzeitig erwarten, dass mit diesem geringen Einsatz finanzieller Mittel Nachhaltiges bei der Bekämpfung häuslicher Gewalt durch Männer erreicht werden kann. Hier müsste mehr getan werden, wenn man das Grundgesetz ernst nimmt. Schließlich hat jeder Mensch in Deutschland das Recht auf körperliche Unversehrtheit und die freie Entfaltung seiner Persönlichkeit (Artikel 2 GG). Die Gewährung von Grundrechten darf eigentlich nicht von finanziellen Mitteln bzw. politischer Schwerpunktsetzung abhängig sein. Aber genau dies scheint der Fall zu sein.

6. Kritik und Perspektiven

Das Anti-Gewalt-Training in Lüneburg ist mittlerweile in der psychosozialen Landschaft gut etabliert und es ist nicht zuletzt aufgrund regelmäßiger Pressearbeit bei vielen Professionellen, aber auch Betroffenen im Bewusstsein präsent. Die Berichterstattung in der „Landeszeitung" enthält in der Regel immer eine ausführliche Falldarstellung, anhand derer potentiellen Interessenten das Training nahegebracht wird. Der geschilderte Fall lädt zumeist zur Identifikation ein. Via Internet können sich Interessierte schnell Informationen und Kontaktdaten besorgen. Der hohe

Anteil von 70-80% freiwilligen Teilnehmern spricht dafür, dass das Training einem Bedürfnis einer männlichen Teilpopulation in der Bevölkerung entspricht. Der Anteil der Teilnehmer mit Auflagen ist aus unserer Sicht aber ausbaufähig. Dies betrifft sowohl Männer mit justiziellen Auflagen als auch Väter, die aufgrund von Erziehungsproblemen und Trennungsproblematiken Hilfe der Jugendämter in Anspruch nehmen. Beispielsweise ist es sinnvoll, schlagenden Vätern nur unbegleiteten Umgang zu gewähren, wenn sie zuvor durch die Teilnahme an einem Anti-Gewalt-Training unter Beweis gestellt haben, dass sie an sich arbeiten wollen. Die Jugendämter sind hier sehr zurückhaltend bei der Zuweisung von prügelnden Vätern. Dies geschieht nur in Einzelfällen und scheint umso mehr vom Engagement einzelner Sozialarbeiter abzuhängen. Kosten können hier kaum eine Rolle spielen, da die Ämter das Anti-Gewalt-Training kostenlos in Anspruch nehmen können. Hier scheint ein institutionelles Beharrungsvermögen eine Rolle zu spielen, das Neuerungen nur sehr langsam möglich macht.

Das Anti-Gewalt-Training in Lüneburg steht auch interessierten Männern aus den angrenzenden Landkreisen offen. Vereinzelt nehmen Teilnehmer dabei lange Wegstrecken von 40 oder 50 km auf sich. Allein dieses Faktum spricht aus unserer Sicht für eine starke Motivation zur Veränderung eigener Verhaltensweisen. Diese Männer sind allerdings berufstätig und können sich neben dem Teilnehmerbeitrag von 15€ auch die anfallenden Fahrtkosten leisten. Anders sieht es bei den ALG-II-Empfängern aus. Sie müssen, je nach Wohnort, mit Fahrtkosten von 20 bis 30€ pro Termin rechnen, wenn sie aus den angrenzenden Landkreisen mit öffentlichen Verkehrsmitteln nach Lüneburg reisen. Für sie ist diese Summe neben dem Teilnehmerbeitrag von 5€ pro Sitzung kaum zu finanzieren. Scheitert hingegen eine Ehe und die von Partnergewalt betroffene Frau entschließt sich, oftmals nach langem Zögern, in eine eigene Wohnung zu ziehen, muss das Jobcenter eine zweite Wohnung und einen höheren Regelsatz finanzieren. Hier werden schnell Kosten von mehreren hundert Euro fällig. Es wäre sinnvoller und auch kostensparender, wenn das Jobcenter zumindest die Fahrtkosten zum Anti-Gewalt-Training übernehmen und so einen relevanten Beitrag zur Stabilität der Ehe leisten würde. Dies geschieht allerdings nicht. Im Interesse eines rationalen Kosteneinsatzes wäre es aber angemessen. Wir überlegten uns, wie wir hier eine Veränderung herbeiführen könnten. Ausgehend von der Tatsache, dass etwa 90% der Teilnehmer unseres Anti-Gewalt-Trainings in der Kindheit und Jugend selbst Opfer von Gewalt wurden und viele davon eine Traumatisierung erlitten hatten, die zwar nicht unbedingt dem Vollbild einer Posttraumatischen Belastungsstörung im Sinne des ICD entsprach, recherchierten wir, welche Leistungen traumatisierte ALG-II-Empfänger in Anspruch nehmen können. Wir stießen dabei auf Gerichtsurteile einzelner Sozialgerichte, die Urteile zu Gunsten traumatisierter Flüchtlinge gefällt hatten und die Jobcenter zur Übernahme von Fahrtkosten zu Therapeuten verurteilten. Wir schrieben daraufhin die Leitungen der Jobcenter in den Landkreisen Lüchow-Dannenberg, Lüneburg und Uelzen an, verwiesen auf die entsprechenden Sozialgerichtsurteile und regten eine Kostenübernahme für ALG-II-Empfänger an. Wir vermuten, die angeschriebenen Jobcenter sprachen ihre Antwort unter einander ab, denn wir erhielten wenige Zeit später gleichlautende Antwortschreiben. Die Übernahme von Fahrtkosten zum Anti-Gewalt-Training wurde mit der Begründung abgelehnt, dass diese Männer als Täter im Bereich häuslicher Gewalt eine Straftat begangen hätten und eine Kostenübernahme somit nicht in Betracht käme. Diese Rechtsauffassung spart kurzfristig Kosten, langfristig aber nicht.

Erfahrene Sozialarbeiter wissen: ALG-II-Empfänger haben oftmals nicht die Energie und die psychische Stabilität, um vermutete Ansprüche auch vor den Sozialgerichten einzuklagen. Möglicherweise hatten die ALG-II-beziehenden Flüchtlinge auch nur „Glück", dass ihre Traumatisierung keine strafrechtlich relevanten Auswirkungen auf andere Menschen bzw.

Familienangehörige hatte. Wer nur unter Ängsten, Panikgefühlen oder psychosomatischen Symptomen gebeutelt leidet, oder, wer seinen Schmerz mit Alkohol herunterspült und dabei sozial unauffällig bleibt, kann dann offensichtlich vielerorts auch einen finanziellen Mehrbedarf beim ALG II zugestanden bekommen.

Die Annahme, dass dem Land Niedersachen bzw. dem federführenden Sozialministerium daran gelegen ist, dass das Angebot der Teilnahme am Anti-Gewalt-Training flächendeckend auch für arme Bevölkerungsschichten möglich ist, ist falsch. Ich habe bereits vor Jahren gegenüber Vertretern des Sozialministeriums darauf hingewiesen, dass hier eine Scheinversorgung für die Landkreise Lüchow-Dannenberg und Uelzen vorgetäuscht, da ALG-II-Empfänger infolge der hohen Fahrtkosten kaum zu dem Training kommen könnten. Es wurde geduldig zugehört – und dann zur Tagesordnung übergegangen. Passiert ist in den Jahren danach nichts. Diese Problematik betrifft nicht nur die drei erwähnten Landkreise. Es ist eine niedersachsenweite Angelegenheit, da die elf Standorte für die Anti-Gewalt-Trainings im Wesentlichen in den großen bzw. mittleren Städten liegen. Das bedeutet, viele Landkreise sind völlig unversorgt. In unseren Nachbarkreisen Harburg oder Heidekreis, gibt es keine Anti-Gewalt-Trainings. Betroffenen ALG-II-Empfängern ist eine Teilnahme an einem derartigen Training aus finanziellen Gründen nicht möglich.

Was wäre zu tun, um die Lage zu verbessern? Hier ist grundsätzlich an zwei Maßnahmen zu denken. Zum einen wäre es hilfreich, wenn das Sozialministerium einen Betrag zur Verfügung stellen würde, aus dem die Fahrtkosten für ALG-II-Empfänger zu zahlen sind. Dieser Betrag müsste den Trägern der Trainings zusätzlich zur Verfügung gestellt werden. Diese könnten die Fahrtkosten mit den Betroffenen nach Vorlage von Fahrkarten bzw. nach Ermittlung der Entfernung bei PKW-Fahrten abrechnen. Diese Maßnahme ist effektiv und lässt sich schnell umsetzen. Mittelfristig wäre es noch besser, wenn jeder Landkreis über ein Anti-Gewalt-Training verfügen würde. Ähnlich wie es in jedem Landkreis eine Drogen- und Erziehungsberatungsstelle und einen Sozialpsychiatrischen Dienst gibt, sollte es aus unserer Sicht ein bei einem Wohlfahrtsverband angesiedeltes Anti-Gewalt-Training geben. Erst wenn dieses Ziel verwirklicht ist, kann von einer flächendeckenden Versorgung in Niedersachsen gesprochen werden. Ein derartiges Angebot ist aber nicht mit 20.000€ pro Landkreis zu finanzieren.

Auch schon jetzt gibt es bei dem genannten Betrag erhebliche finanzielle Lücken. Ich bin als Sozialpädagoge mit langjähriger Berufserfahrung und einem Alter von 59 Jahren ein vergleichsweise teurer Mitarbeiter. Vorgaben des Landes Niedersachsen besagen, dass das Land nur Personalkosten eines Durchschnittsgehaltes zahlt. Dieses fällt an, wenn der Mitarbeiter 35 Jahr alt, verheiratet und Vater eines Kindes ist. In der Praxis bedeutet dies, dass der Träger des Lüneburger Anti-Gewalt-Trainings pro Jahr etwa 1.000€ der anfallenden Personalkosten nicht erstattet bekommt. Andererseits erfordert die Arbeit mit gewalttätigen und teilweise psychisch hoch belasteten Männern viel Berufserfahrung und therapeutische Kompetenz. Diese ist willkommen und gefordert – nur kosten darf sie nicht allzu viel.

Für spezielle Problemlagen wie psychische Probleme, Drogenabhängigkeiten oder Erziehungsschwierigkeiten gibt es in Deutschland seit Jahrzehnten spezialisierte Dienste und Beratungsstellen. Dies wäre auch bei häuslicher Gewalt wünschenswert. „In Anbetracht des weiten Spektrums gesundheitlicher Folgen, des seelischen Leids der Betroffenen und der generationenübergreifenden Auswirkungen häuslicher Gewalt in Paarbeziehungen sollten Präventions- und Interventionsprogramme bei häuslicher Gewalt systematisch in die Gesundheitsversorgung integriert werden." (Wieners et al. 2012, S. 77) In diesem Sinne könnten Anti-Gewalt-Trainings Teil einer kassenfinanzierten psychotherapeutischen Leistung sein. Dies wäre insofern konsequent, da häusliche Gewalt vor allem auch Ausdruck einer psychischen Störung ist.

Das Anti-Gewalt-Training endet für die Teilnehmer mit dem Thema Abschied. Dabei erhalten sie Rückmeldungen zu ihrem Gruppenprozess von den anderen Teilnehmern und von meinem Kollegen und mir. Gleichzeitig können sie bilanzierend noch einmal hervorheben, was ihnen wichtig war. In diesem Zusammenhang stellt sich häufig die Frage der therapeutischen Weiterarbeit im Rahmen einer Psychotherapie. Wir erleben es immer wieder, dass Teilnehmer im Laufe des Anti-Gewalt-Trainings zu der Gewissheit kommen, dass sie auch nach Abschluss des Trainings weiter an sich arbeiten wollen und hierbei auch Erfolge erzielen werden, wenn sie die für sie passende Unterstützung bekommen. Bei diesem Vorhaben stoßen sie nun – nicht immer, aber vielfach – auf die Grenzen des Systems der psychotherapeutischen Versorgung. Wartezeiten von sechs bis zwölf Monaten auf einen kassenfinanzierten Psychotherapieplatz sind in Lüneburg eher die Regel denn die Ausnahme. Und wenn endlich ein Psychotherapieplatz in Aussicht steht, heißt dies in der Regel noch nicht, dass der Therapeut das gewünschte Therapieverfahren zur Verfügung stellen kann. Zur Stabilisierung und Weiterführung unserer Arbeit, aber vor allem im Interesse der Klienten, wäre es sehr wünschenswert, wenn der Mangel an Therapieplätzen endlich einmal behoben würde. Dies ist auch und vor allem eine sozial- und gesundheitspolitische Entscheidung. Diese völlig inakzeptablen Verhältnisse der psychotherapeutischen Versorgung betreffen nicht nur Menschen, die einen gewöhnlichen Therapieplatz suchen. Sie betreffen insbesondere Menschen, die unter einer Posttraumatischen Belastungsstörung oder Traumafolgestörungen leiden. Hier einen dem Leiden entsprechenden, kassenfinanzierten Behandlungsplatz zu finden, ist in der Regel noch viel zeitaufwendiger und mit noch längeren Wartezeiten verbunden.

In einer Bilanz sollte auch all das auftauchen, was fehlt, aber sinnvoll oder notwendig wäre. Wir treffen in unserer Arbeit immer wieder auf Klienten, die wenig intrinsisch motiviert sind und dies auch durch mangelnde oder wenig konstruktive Mitarbeit in der Gruppe zeigen. In einigen Fällen gelingt es, die betroffenen Männer zu motivieren. Sie merken mit der Zeit, dass wir sie nicht angreifen oder abwerten wollen, was sie aufgrund ihrer bisherigen Lebenserfahrung erst einmal annehmen. Sie registrieren nach einigen Gruppensitzungen, dass sie von dem Dargebotenen lernen und profitieren können. Sie verstehen manchmal ansatzweise, was sie zu ihrem sozial inakzeptablen Verhalten motiviert haben könnte. Streitsituationen werden plötzlich verstehbarer. Diese positive Entwicklung, die Umkehrung von extrinsischer zu intrinsischer Motivation, gelingt aber vielfach auch nicht. An dieser Stelle wäre es gut, wenn wir im Vorfeld mehr Zeit hätten, die Motivation zu prüfen bzw. deren Charakter dem Klienten zu spiegeln. Weiter wäre es gut, wenn wir diese Klienten durch gezielte und vermehrte Einzelgespräche unterstützen könnten. Das zur Verfügung stehende Geld lässt dies aber leider nicht zu. Ähnliches gilt für Paargespräche. Durch das Training erfahren wir viele Details über Probleme der Paarbeziehung. Auch wenn der drohende, schlagende oder würgende Mann allein die Verantwortung für sein gewalttätiges Verhalten hat, so ist er doch nicht allein für die sonstigen Probleme der Paarbeziehung verantwortlich. Unter der Voraussetzung, dass die Frau nicht im Nachhinein Gewalttätigkeiten zu befürchten hätte, wenn sie Unzufriedenheit und Schwierigkeiten in der Beziehung thematisierte, wären begleitende Paargespräche hilfreich. Der Paartherapeut müsste sich der Gefahr bewusst sein, dass er im ungünstigen Falle von der Frau als parteiisch zu Gunsten ihres Mannes wahrgenommen wird. Ließen sich derartige Bedenken nicht ausräumen, wäre ein Therapeutenwechsel für die Paargespräche notwendig. Derzeit weisen wir, wenn wir der Frau konzeptionsgemäß die Aufnahme ihres Mannes ins Anti-Gewalt-Training mitteilen, darauf hin, dass er sich im Laufe des Trainings verändern wird, was zu neuen Schwierigkeiten in der Paarbeziehung führen kann. Sollte sie an diesem Punkt

Unterstützung gebrauchen, raten wir zur Kontaktaufnahme zu einer örtlichen Ehe- und Lebensberatungsstelle, deren Adresse wir dem Schreiben beifügen. Sollten ausdrücklich Paargespräche indiziert oder gewünscht werden, verweisen wir mangels eigener Ressourcen an die Paarberatungsstellen. Dieses Vorgehen ist nicht immer erfolgreich und birgt auch die Gefahr der unbewussten oder bewussten Spaltung. Damit ist gemeint, dass der Trainingsteilnehmer wenig oder nichts mehr von sich aus über seine Paarbeziehung berichtet und umgekehrt in der Paarberatung nichts davon erzählt, was er im Anti-Gewalt-Training bearbeitet.

Soweit es um die bekundeten Delikte und die sexuelle Orientierung geht, bieten wir ein Training für heterosexuelle Männer an, die ihre Partnerinnen bedrohen oder in vielfältigen Formen gewalttätig angehen. Doch homosexuelle Männer, die ihre Partner verbal oder körperlich attackieren, erreichen wir offenbar nicht, denn in zehn Jahren hatten wir lediglich eine Anfrage zu verzeichnen, die aber nicht zu einer Teilnahme an dem Training führte. Beziffert man den Anteil homosexuell orientierter Männer in der Bevölkerung auf 3% bis 5% (Vgl. Haversath et al. 2017), so müssten wir jährlich mindestens einen Homosexuellen im Training haben, wenn dieser Bevölkerungsanteil sich auch unter den Teilnehmern des Anti-Gewalt-Trainings wiederfinden würde. Hätten wir einen homosexuellen Gewalttäter in eine ansonsten aus heterosexuellen Männern bestehende Gruppe integrieren können? Hin und wieder haben wir damit zu kämpfen, dass die Gruppenteilnehmer sich wenig einfühlsam bis abfällig über Frauen und Ausländer äußern. Die Frage, ob und wie wir dann gezielt intervenieren und Grenzen des von uns Akzeptablen aufzeigen, bewegt sich in dem Spannungsfeld einerseits Vertrauen nicht zu riskieren und damit die therapeutische Beziehung nicht auf's Spiel zu setzen und andererseits latent faschistoidem Denken entschieden entgegen- treten zu wollen. Es ist zu vermuten, dass männliche Homosexualität bei vielen Gruppenteilnehmern Ängste und eine entsprechende Abwehr mobilisiert, die aber wahrscheinlich kaum in wohlgewählten Worten artikuliert wird. Gerade

Männer, deren männliche Identität oftmals durch Verunsicherung und rigide Normen geprägt ist, dürften hierzu kaum in der Lage sein.

Könnten wir homosexuelle Gruppenteilnehmer hier genügend vor den Aggressionen der anderen Männer schützen oder bräuchten homosexuelle Männer ein eigenes Training, am besten noch mit ebenfalls homosexuellen Gruppenleitern? Gesetzt den Fall, man würde für ein eigenes Training mit entsprechenden Leitern votieren, wäre dies in der Praxis auch umsetzbar? Um ein Anti-Gewalt-Training kontinuierlich anbieten zu können, braucht es ein Mindestmaß an Teilnehmern. Es ist kaum zu erwarten, dass die benötigte Zahl von 20-25 homosexuellen Männern im Einzugsgebiet von Stadt und Landkreis Lüneburg zustande kommt. Eher dürfte dies in den niedersächsischen Großstädten wie Hannover, Braunschweig, Oldenburg und Osnabrück zu erwarten sein. Vermutlich haben homosexuelle Männer in ihrer Mehrheit mit zwei Tabus zu kämpfen, während heterosexuelle Männer sich „nur" mit dem tabuisierten Bereich häuslicher Gewalt auseinandersetzen müssen. Ihre sexuelle Orientierung entspricht der der Mehrheitsgesellschaft, obgleich Homosexualität zwar mittlerweile rechtlich weitestgehend nicht mehr diskriminiert wird. Allerdings bedeutet dies noch lange nicht, dass alle Bevölkerungsgruppen homosexuell lebende und sich auch offen dazu bekennende Männer akzeptieren.

Aus den uns von der Polizei zugesandten Anzeigen ist ersichtlich, dass die häusliche Gewalt in den Flüchtlingsunterkünften seit 2015 deutlich ansteigt. Dies dürfte vor allem daran liegen, dass Deutschland 2015 und 2016 mehrere hunderttausend Geflüchtete aufgenommen hat. In der Regel sprechen die betroffenen Männer, zumeist aus dem arabischen Raum kommend, gar kein Deutsch und selten Englisch. Aufgrund dieser Sprachbarriere kommen sie für das von uns angebotene Training nicht in Betracht. Möglicherweise müsste das Training für diese Männer auch anders aufgebaut sein als für Männer aus dem hiesigen Kulturraum. Es wären vermutlich religiöse Anschauungen und das Eingebundensein in Clan-Strukturen zu berücksichtigen. Auch kann nicht von vornherein davon ausgegangen werden, dass alle Teilnehmer lesen und schreiben können. Um diese Frage näher abzuklären und hier ein eigenes Konzept zu entwickeln, fehlen uns die zeitlichen und finanziellen Ressourcen. Wir haben 2017 versucht, einen jungen Mann aus Syrien, der über passable Deutschkenntnisse verfügte und der seinen Angaben zufolge im Auftrag seiner Eltern die noch minderjährige Schwester geschlagen hatte, zu integrieren. Der junge Mann konnte trotz intensiver Bemühungen unsererseits keine Parallelen zwischen sich und den älteren Teilnehmern erkennen, die ihre Partnerinnen bedrohten oder attackierten. Wir waren uns auch nicht sicher, ob er wirklich meinte, dass es ein Fehler war, die Schwester körperlich zu züchtigen oder ob er mit der Aussage, dies wäre nicht rechtens, nicht eher vermuteten sozialen Erwartungen zu entsprechen glaubte. Wir haben nach wenigen Sitzungen seinem Anliegen, das Training zu verlassen, entsprochen. An diesem Beispiel wird deutlich, dass es mehr als guten Willen und therapeutische Erfahrung braucht, um ein Anti-Gewalt- Training für diese Männer anzubieten.

Als Öffentlichkeitsarbeit haben wir 2016 alle niedergelassenen Psychotherapeuten angeschrieben und sie unter Beifügung eines Flyers auf das Anti-Gewalt-Training aufmerksam gemacht. Direkte Auswirkungen, dergestalt, dass Therapeuten Klienten an uns verwiesen, konnten wir allerdings nicht beobachten. Für die Zukunft wäre es angebracht, alle Rechtsanwälte auf unser Angebot des Anti-Gewalt-Trainings hinzuweisen. Idealerweise könnten diese ihren Klienten eine Teilnahme an dem Anti-Gewalt-Training nahelegen und sei es nur, damit sich der betroffene Mann vor Gericht eine vermutlich bessere Ausgangsposition verschafft. Letztlich zählt nicht die Motivation, mit der ein gewalttätiger Mann das Training beginnt, sondern das Ergebnis, mit dem er es verlässt.

Anfang 2018 haben wir das Anti-Gewalt-Training im Rahmen einer Vortragsreihe im Psychiatrischen Klinikum Lüneburg vorgestellt – mit mäßigem Publikumserfolg. Möglicherweise lag die relativ geringe Zuhörerschaft am Thema. Dabei sei nicht unterstellt, dass das Thema nicht viele Menschen interessiert. Aber möglicherweise befürchten grundsätzlich Interessierte, dass man ihnen häusliche Gewalt, entweder als Täter oder als Opfer, unterstellt, wenn sie an solchen Veranstaltungen teilnehmen. Dieser Gedanke mag Interessierte davon abgehalten haben, den Vortrag zu besuchen. Sollte sich diese Annahme bewahrheiten, zeigt sie die Dringlichkeit weiterer Öffentlichkeitsarbeit. Diese trifft wiederum schnell an die Grenzen unserer personellen Ressourcen, womit wir wieder (einmal) bei dem Thema der Unterfinanzierung des Anti-Gewalt-Trainings wären...

Wenn Sie denn als Leser bis hierhin durchgehalten haben, dann haben Sie vieles über Selbst-Objekte und narzisstische Störungen nebst ihren manchmal gewalttätigen Erscheinungs- und Ausdrucksformen erfahren. Außerdem wissen Sie nun in etwa wie das Anti-Gewalt-Training in Lüneburg organisiert wird. Dem sei nun (fast) genug und mit einem Augenzwinkern verabschiede ich mich mit einem Gedicht:

Befreiung von den großen Vorbildern

Kein Geringerer
als Leonardo da Vinci
lehrt uns
»Wer immer nur Autoritäten zitiert
macht zwar von seinem Gedächtnis Gebrauch
doch nicht von seinem Verstand.«
Prägt euch das endlich ein:
Mit Leonardo
los von den Autoritäten!

Erich Fried

Literaturverzeichnis

Abram, A.: Imaginationen. Paderborn 2017

Agentur der Europäischen Union für Grundrechte (Hrsg.): Gewalt gegen Frauen: Eine EU- weite Erhebung. Luxemburg 2014

Andreas, S.; Faulkner, Ch. (Hrsg.): Praxiskurs NLP. Paderborn 2012, 7. Aufl.

Berne, E.: Spiele der Erwachsenen. Psychologie der menschlichen Beziehungen. Reinbek 1988

Berne, E.: Was sagen Sie, nachdem Sie »Guten Tag« gesagt haben? Frankfurt/M. 1990

Berne, E.: Grundlagen der Gruppenbehandlung. Gedanken zur Gruppentherapie und Interventionstechniken. Paderborn 2005

Biddulph, St.: Jungen! Wie sie glücklich heranwachsen. München 2002, 3. Aufl.

BMFSFJ (Bundesministerium für Familie, Senioren, Frauen und Jugend) (Hrsg.): Gewaltfreie Erziehung. Eine Bilanz nach Einführung des Rechts auf Gewaltfreie Erziehung. Berlin 2003

BMFSFJ (Hrsg.): Gemeinsam gegen häusliche Gewalt: Kooperation, Intervention, Begleitforschung. Baden-Baden 2007 (2004)

BMFSFJ (Hrsg.): Standards u. Empfehlungen für die Arbeit mit männlichen Tätern. Materialien zur Gleichstellungspolitik. Nr. 109 / 2008

BMFSFJ (Hrsg.): Lebenssituation, Sicherheit und Gesundheit von Frauen in Deutschland. Zusammenfassung zentraler Studienergebnisse. Baden-Baden 2008 (2004)

BMFSFJ (Hrsg.): Gewalt gegen Frauen in Paarbeziehungen. Paderborn 2014, 5. Aufl.

Bode, S.: Die deutsche Krankheit – German Angst. München 2008

Bode, S.: Die vergessene Generation. Die Kriegskinder brechen ihr Schweigen. München 2009, 11. Aufl.

Bode, S.: Nachkriegskinder. Die 1950er Jahrgänge und ihre Soldatenväter. Stuttgart 2014, 5. Aufl.

Böll, H.: Das Vermächtnis. München 1984a (1948)

Böll, H.: Der Zug war pünktlich. München 1984 (1949), 15. Aufl.

Böll, H.: Und sagte kein einziges Wort. München 1983 (1953), 4. Aufl.

Böll, H.: Haus ohne Hüter. Stuttgart u. Hamburg o. J., (1954)

Böll, H.: Das Brot der frühen Jahre. München 1985 (1955), 7. Aufl.

Bohleber, W.: Wege und Inhalte transgenerationaler Weitergabe. Psychoanalytische Perspektiven. In: Radebold, H.; Bohleber, W.; Zinnecker, J. (Hrsg.): Transgenerationale Weitergabe kriegsbelasteter Kindheiten. Weinheim/München 2009, 2. Aufl., S. 107-118

Bülow, von, A.; Komoß, H.: Anti-Gewalt-Training für Männer. Lüneburg 2008 (Maschinenschriftliches Manuskript)

Bundeskriminalamt (Hrsg.): Partnerschaftsgewalt. Kriminalstatistische Auswertung. Berichtsjahr 2016. Wiesbaden 2017

Bussmann, K.: Auswirkungen des Verbots von Gewalt in der familialen Erziehung in Deutschland. 2005. Abrufbar unter: bussmann.jura.uni-halle.de/forschung/abgeschlossene_forschungsprojekt/familiengewalt/ [20.07.2019]

Döge, P.: Männer – die ewigen Gewalttäter? Gewalt von und gegen Männer in Deutschland. Wiesbaden 2013, 2. Aufl.

Dörre, K. u. a.: Bewährungsproben für die Unterschicht? Soziale Folgen aktivierender Arbeitsmarktpolitik. Frankfurt/M. u. New York 2013

Dührssen, A.: Psychogene Erkrankungen bei Kindern und Jugendlichen. Göttingen 1982, 15.Aufl.

Elias, N.: Über den Prozeß der Zivilisation. Bd. 1, Frankfurt/M. 1980, 7. Aufl.

Elias, N.: Über den Prozeß der Zivilisation. Bd. 2, Frankfurt/M. 1976

Eissler, K: Die Ermordung von wievielen seiner Kinder muss ein Mensch symptomfrei ertragen können, um eine normale Konstitution zu haben? In: Psyche 1963, Nr. 5, S. 241-291

Engelmann, B.: Wir sind wieder wer. Auf dem Weg ins Wirtschaftswunderland. München 1986

Frei, N. (Hrsg.): Hitlers Eliten nach 1945. München 2017, 8. Aufl.

Freud, S.: Erinnern, Wiederholen und Durcharbeiten. (1914) In: Ges. Werke, Bd. X, S. 126-136

Freud, S.: Zur Einführung des Narzißmus. (1914) In: Ges. Werke, Bd. X, S. 137-170

Freud, S.: Massenpsychologie und Ich-Analyse. (1920) In: Ges. Werke, Bd. XIII, S. 73-161

Freud, S.: Die Zukunft einer Illusion. (1927) In: Ges. Werke, Bd. IVX, S. 325-380

Friedrich, J.: Die kalte Amnestie. NS-Täter in der Bundesrepublik. Frankfurt/M. 1985

Fromm, E.: Studien über Autorität und Familie. Sozialpsychologischer Teil.
In: Fromm, E.: Gesamtausgabe. Bd. I. München 1989 (1936), S. 139-187

Fromm, E.: Die Furcht vor der Freiheit. Frankfurt/M. 1982, 12. Aufl.

Fromm, E.: Anatomie der menschlichen Destruktivität. Reinbek 1992

Fülberth, G.: Geschichte der BRD. Köln 2012

Fuhr, R.; Sreckovic, M.; Gremmler-Fuhr, M. (Hrsg.): Handbuch der Gestalttherapie.
Göttingen/Bern/Toronto/Seattle 1999

Gerhold, D.: Das Kommunikationsmodell der Transaktionsanalyse.
Paderborn 2008, 2. Aufl.

Giordano, R.: Die zweite Schuld oder Von der Last Deutscher zu sein. Hamburg 1987

Görgen, Th.; Nowak, S.: Alkohol und Gewalt: Eine Analyse des Forschungsstandes zu
Phänomenen, Zusammenhängen und Handlungsansätzen. Münster 2013

Gottschalch, W.: Männlichkeit und Gewalt. Weinheim und München 1997

Hannover, H.; Wallraff, G.: Die unheimliche Republik. Politische Verfolgung in der
Bundesrepublik. Hamburg 1982

Harris, Th.: Ich bin o. k. Du bist o. k. Reinbek 1980

Harris, A.; Harris, Th.: Einmal o. k. immer o. k. Transaktionsanalyse für den Alltag.
Reinbek 1985

Haversath, J.; Gärtner, K.M.; Kliem, S.; Vasterling, I.; Strauss, B.; Kröger, Ch.: Sexualver-
halten in Deutschland. In: Dt. Ärzteblatt, Jg. 114, Heft 33-34, 21. August 2017, S. 545-550

Heilmann-Geideck, U.; Schmidt, H.: Betretenes Schweigen. Über den Zusammenhang
von Männlichkeit und Gewalt. Mainz 1996

Hellinger, B.: Ordnungen der Liebe. Heidelberg 1996, 3. Aufl.

Höppner, G.: „Heilt Demut – wo Schicksal wirkt?" Eine Studie zu Effekten des Familien-
Stellens nach Bert Hellinger. München 2001

Huber, M.: Der innere Garten. Ein achtsamer Weg zur persönlichen Veränderung. Paderborn 2005

Huth, P. (Hrsg.): Die letzten Zeugen. Der Auschwitz-Prozess von Lüneburg 2015. Eine Dokumentation. Stuttgart 2015

Kast, V.: Imagination als Raum der Freiheit. Dialog zwischen Ich und Unbewußtem. Olten 1988, 2. Aufl.

Klein, M.: Sucht und Gewalt – Gewaltverhalten unter Alkoholeinfluss. Köln 2010 (Präsentation)

Klein, M.: „Schlucken und Schlagen". Behandlung alkoholabhängiger Männer und Väter. Köln 2014 (Präsentation)

Kleist, von, H.: Michael Kohlhaas. Stuttgart 1975

König, K.; Lindner, W.-V.: Psychoanalytische Gruppentherapie. Göttingen 1992, 2. Aufl.

Koeppen, W.: Tauben im Gras. (1951) In: Ders.: Tauben im Gras. Das Treibhaus. Der Tod in Rom. Stuttgart u. Hamburg 1969, S. 7-234

Koeppen, W.: Das Treibhaus. (1953) In: Ders. 1969, S. 235-416

Koeppen, W.: Der Tod in Rom. (1954) In: Ders. 1969, S. 417-618

Kohut, H.: Introspektion, Empathie und Psychoanalyse. Frankfurt/M. 1977

Kohut, H.: Die Zukunft der Psychoanalyse. Frankfurt/M. 1975

Kohut, H.: Die Heilung des Selbst. Frankfurt/M. 1981

Kohut, H.; Wolf, E.: Die Störungen des Selbst und ihre Behandlungen. In: Peters, U.H. (Hrsg.): Kindlers „Psychologie des 20. Jahrhunderts". Psychiatrie Bd. 2, Weinheim und Basel 1983, S. 97-112

Kohut, H.: Narzissmus. Frankfurt/M. 1983, 4. Aufl.

Kohut, H.: Auf der Suche nach dem Selbst. München 1993

Kohut, H.: Wie heilt die Psychoanalyse? Frankfurt/M. 1996, 3. Aufl.

Kretschmann, R.: Die Kraft der inneren Bilder. Weinheim/Basel 2000

Krockow, von, Ch.: Die Deutschen in ihrem Jahrhundert. 1890-1990. Reinbek 1990

Lachmann, F.: Aggression verstehen und verändern. Stuttgart 2004

Lambrou, U.: Familienkrankheit Alkoholismus. Reinbek 1993

Lammers, C.-H.: Die therapeutische Beziehung mit narzisstisch gestörten Patienten – Beifahrer in einem Porsche. In: Psychotherapie, 19. Jg. 2014, Bd. 19-1, S. 52-72

Lamnek, S.; Luedtke, J.; Ottermann, R.; Vogl, S.: Tatort Familie. Häusliche Gewalt im gesellschaftlichen Kontext. Wiesbaden 2013. 3. Aufl.

Landeskriminalamt Niedersachsen: Bericht zu Gewalterfahrungen in Paarbeziehungen in Niedersachsen im Jahr 2012. Hannover 2014

Lowen, A.: Der Verrat am Körper. Reinbek 1984

Lowen, A.: Bio-Energetik. Therapie der Seele durch Arbeit mit dem Körper. Reinbek 1986

Lowen, A.: Narzißmus. Die Verleugnung des wahren Selbst. München 1992, 2. Aufl.

Maaz, H.-J.: Die narzisstische Gesellschaft. Ein Psychogramm. München 2012, 2. Aufl.

McKay, M.; Fanning, P.: Selbstachtung. Das Herz einer gesunden Persönlichkeit. Kognitive Techniken für die Beurteilung, Verbesserung & Erhaltung ihres Selbstwertgefühls. Paderborn 2010, 3. Aufl.

Marx, K.: Das Elend der Philosophie. In: MEW, Bd. 4, Berlin (Ost) 1980, S. 63-182

Miquel, von, Marc: Juristen: Richter in eigener Sache. In: Frei 2017, S. 165-217

Mitscherlich, A.; Mielke, F. (Hrsg.) Medizin ohne Menschlichkeit. Dokumente des Nürnberger Ärzteprozesses. Frankfurt/M. 1960 (1949)

Mitscherlich, A.: Ein Leben für die Psychoanalyse. Frankfurt/M. 1984

Mitscherlich, A.; Mitscherlich, M: Die Unfähigkeit zu trauern. München 1987, 19. Aufl.

Mittermair, F.: Körpererfahrung und Körperkontakt. München 1992, 2. Aufl.

Möller, M. L.: Die Wahrheit beginnt zu zweit. Reinbek 2006, 25. Aufl.

Mohl, A.: Der große Zauberlehrling. Teil 1 u. 2. Paderborn 2013, 3. Aufl.

Moskau, G.; Müller, G. (Hrsg.): Virginia Satir. Wege zum Wachstum. Ein Handbuch für die therapeutische Arbeit mit Einzelnen, Paaren, Familien und Gruppen. Paderborn 1995, 2. Aufl.

Müller, A.; Bohne, S.: Häuslicher Gewalt im Migrationskontext vernetzt und kompetent begegnen. Hannover 2015 (herausgegeben vom Landespräventionsrat Niedersachsen)

NMSFFG (Niedersächsisches Ministerium für Soziales, Familie, Frauen und Gesundheit) (Hrsg.): Mit BISS gegen häusliche Gewalt. Hannover 2005

NMSFFG (Hrsg.): Aktionsplan II des Landes Niedersachsen zur Bekämpfung der Gewalt gegen Frauen im häuslichen Bereich. Hannover 2006

Niedersächsisches Ministerium für Soziales, Frauen, Familie, Gesundheit und Integration (Hrsg.): Aktionsplan III zur Bekämpfung häuslicher Gewalt in Paarbeziehungen. Hannover 2012

Overmans, R.: Deutsche militärische Verluste im Zweiten Weltkrieg. Berlin/Boston 2009, 3. Aufl.

Panholzer, Th.: Hypnotische Phantasiereisen. München 2008

Peichl, J.: Destruktive Paarbeziehungen. Das Trauma intimer Gewalt. Stuttgart 2008

Petri, H.: Das Drama der Vaterentbehrung. Freiburg i. Br. 1999

Polster, E.; Polster, M.: Gestalttherapie. Theorie und Praxis der integrativen Gestalttherapie. Frankfurt/M. 1987

Potter-Efron, R.: Wut, Aggression, häusliche Gewalt und Substanzmissbrauch. In: Hamel/Nicholls 2015, S. 503-525

Rahm, D.; Otte, H.; Bosse, S.; Ruhe-Hollenbach, H.: Einführung in die Integrative Therapie. Grundlagen und Praxis. Paderborn 1993

Reddemann, L.: Imagination als heilsame Kraft. Zur Behandlung von Traumafolgen mit ressourcenorientierten Verfahren. Stuttgart 2012, 16. Aufl.

Reich, W.: Charakteranalyse. Reinbek 1981

Reich, W.: Massenpsychologie des Faschismus. Frankfurt/M. 1972 (1933)

Richter, H.-E.: Die Gruppe. Reinbek 1984 (1972)

Richter, H.-E.: Der Gotteskomplex. Gießen 1982

Rothschild, B.: Der Körper erinnert sich. Die Psychophysiologie des Traumas und der Traumabehandlung. Essen 2017

Rummel, Ch.: Alkohol und Gewalt. In: DHS. Jahrbuch Sucht 2010. Geestacht 2010, S. 203-214

Ruppert, F.: Wer bin ich in einer traumatisierten Gesellschaft? Stuttgart 2018

Sacco, S.: Häusliche Gewalt. Kostenstudie für Deutschland. Gewalt gegen Frauen in (ehemaligen) Partnerschaften. Hamburg 2017

Sandrock, L.: Alkohol und häusliche Gewalt aus Sicht der Frauenschutzeinrichtungen. In: FDR (Hrsg.): Alkohol und häusliche Gewalt. Hannover 2010, S. 14-25

Schlack, R.; Rüdel, J.; Karger, A.; Hölling, H.: Körperliche und psychische Gewalterfahrungen in der deutschen Erwachsenenbevölkerung. In: Bundesgesundheitsblatt 2013, S. 755-764

Schlippe, von, A.; Schweitzer, J.: Systemische Interventionen. Göttingen 2017, 3. Aufl.

Schmidbauer, W.: Die sogenannte Aggression. Die kulturelle Evolution und das Böse. Hamburg 1972

Schmidbauer, W.: Vom Es zum Ich. Evolution und Psychoanalyse. München 1978

Schmidbauer, W.: Die Ohnmacht des Helden. Reinbek 1981

Schmidbauer, W.: Die hilflosen Helfer. Über die seelische Problematik der helfenden Berufe. Reinbek 1982

Schmidbauer, W.: Alles oder nichts. Über die Destruktivität von Idealen. Reinbek 1984 (1980)

Schmidbauer, W.: „Du verstehst mich nicht!". Die Semantik der Geschlechter. Reinbek 1991

Schmidbauer, W.: Liebeserklärung an die Psychoanalyse. Reinbek 1991a

Schmidbauer, W.: Helfen als Beruf. Die Ware Nächstenliebe. Reinbek 1992

Schmidbauer, W.: Wie Gruppen uns verändern. Selbsterfahrung, Therapie und Supervision. München 1992

Schmidbauer, W.: Die Angst vor Nähe. (1985) Reinbek 1994

Schmidbauer, W.: Der neue Psychotherapieführer. München 1994a

Schmidbauer, W.: „Ich wußte nie, was mit Vater ist". Das Trauma des Krieges. Reinbek 1998

Schmidbauer, W.: Therapy on Demand. Narzissmus und bedarfsorientierte Psychotherapie. Düsseldorf/Zürich 2005

Schmidbauer, W.: Die Rache der Liebenden. Reinbek 2007

Schmidbauer, W.: Mobbing in der Liebe. Gütersloh 2007a

Schmidbauer, W.: Ein Land – drei Generationen. Psychogramm der Bundesrepublik. Freiburg i. Br. 2009

Schmidbauer, W.: Kleist. Die Entdeckung der narzisstischen Wunde. Gießen 2011

Schmidbauer, W.: Partnerschaft und Babykrise. Gütersloh 2012

Schmidbauer, W.: Kassandras Schleier. Das Drama der hochbegabten Frau. Zürich 2013, 3. Aufl.

Schmidbauer, W.: Unbewusste Rituale in der Liebe. Stuttgart 2014

Schmidbauer, W.: Das Rätsel der Erotik. Freiburg i. Br. 2014a

Schmidbauer, W.: Die deutsche Ehe. Liebe im Schatten der Geschichte. Zürich 2015

Schmidbauer, W.: Coaching in der Liebe. Freiburg i. Br. 2015a

Schmidbauer, W.: Die Geheimnisse der Kränkung und das Rätsel des Narzissmus. Stuttgart 2018

Schnack, D. Neutzling, R.: Kleine Helden in Not. Jungen auf der Suche nach Männlichkeit. Reinbek 2001, 2. Aufl.

Schütz, G.: Hypnose in der Praxis. Paderborn 2009, 3. Aufl.

Schulz von Thun, F.: Miteinander reden. Bd. 1, Reinbek 2011, 49. Aufl.

Schwegler, Ch.: Der Hypnotherapeutische Werkzeugkasten. Kaltenkirchen 2014, 2. Aufl.

Shapiro, F.: EMDR – Grundlagen und Praxis. Handbuch zur Behandlung traumatisierter Menschen. Paderborn 2013, 2. Aufl.

Spiegel Online vom 04.12.2018: Hunderte gesuchte Rechtsextremisten auf freiem Fuß. spiegel.de/politik/deutschland/deutschland-hunderte-gesuchte-rechtsextremisten-auf-freiem-fuss-a-1241779.html [20.07.2019]

Spiegel Online vom 18.12.2018: Rechte Umtriebe in weiteren Polizeipräsidien. spiegel.de/politik/deutschland/nsu-2-0-ermittlungen-weitere-polizeipraesidien-in-hessen-sollen-betroffen-sein-a-1244472.html [20.07.2019]

Steinert, J.-D.: Die große Flucht und die Jahre danach. Flüchtlinge und Vertriebene in den vier Besatzungszonen. In: Volkmann, H.-E. (Hrsg.): Ende des Dritten Reiches – Ende des Zweiten Weltkrieges. Eine Perspektivische Rückschau. S. 557-580

T-Online vom 23.11.2018: Berlin klagt mutmaßlichen KZ-Wachmann an. t-online.de/nachrichten/panorama/justiz/id_84834180/beihilfe-zum-mord-in-36-000-faellen-berlin-klagt-mutmasslichen-kz-wachmann-an.html [22.07.2019]

Volkmann, H.-E. (Hrsg.): Ende des Dritten Reiches – Ende des Zweiten Weltkrieges. Eine Perspektivische Rückschau. München 1995

Vollnhals, C.: Entnazifizierung. Politische Säuberung und Rehabilitierung in den vier Besatzungszonen 1945-1949. München 1991

VVN-BdA-Lüneburg: Das Landgericht Lüneburg als „Spitze der justizförmigen Kommunistenverfolgung" der 1950/60er-Jahre. Teil 1. Lüneburg 2015.

VVN-BdA-Lüneburg: Das Landgericht Lüneburg als „Spitze der justizförmigen Kommunistenverfolgung" der 1950/60er-Jahre. Teil 2. Lüneburg 2017.

Welt Online vom 14.11.2018: Richter entscheiden über Blockade von der Leyens bei Mundlos-Akte. welt.de/politik/deutschland/article183805184/NSU-Terrorist-Richter-entscheiden-ueber-Blockade-von-der-Leyens-bei-Mundlos-Akte.html [20.07.2019]

Wienand, L.: Warum bleibt die NSU-Akte 120 Jahre unter Verschluss? t-online.de/nachrichten/deutschland/innenpolitik/id_84106974/warum-bleibt-die-nsu-akte-120-jahre-unter-verschluss-.html [20.07.2019]

Wieners, K.; Hellbernd, H.; Jenner, S.C.; Oesterhelweg, L.: Häusliche Gewalt in Paarbeziehungen. In: Notfall + Rettungsmedizin 1/2012, S. 65-80